正義教室

飲茶 著

甘為治 譯

suncolor
三采文化

目錄

Contents

推薦序

沒有標準答案的哲學思辨，是108新課綱素養導向的學習先備關鍵！

——桃園市立大溪高中公民與社會科教師 洪莎嫚

故事一開始，帶入了一名消防隊員的兩難：惡火中，在自己女兒與一群幼童間，應選擇先救誰才是正義？故事內容讓我不禁想起日前媒體再度報導28年前的健康幼稚園火燒車事件，其中林靖娟老師原本可以逃離，卻返回車上搶救學童不幸喪生，大愛精神感動社會各界，身後也入祀忠烈祠，成為第一位入祀忠烈祠的女性。在這裡我想討論的焦點是一名老師當下要決定搶救學生或順利逃離的兩難，而林靖娟老師顯然是義無反顧，沒有考慮自身安危，讓人敬佩！但回過來看本書序章的這名消防隊員，其實我們也很難苛責他的選擇，畢竟選擇親情優先，也是人之常情。這本書探討的是哲學思辨的課題，而我們生活當中隨處可見的事例，皆可能面臨道德兩難的價值判斷。透過本書，將有助於讀者更能釐清：自己做選擇的起心動念是否符合正義。

文中的第一人稱男主角是名為**山下正義**的學生會長，故事開始時，他並不認同世界上有所謂的正義。學生會副會長則是號稱「學校的良心」**德川倫理**，她是注重倫理、循規蹈矩、一絲不苟的優等生。學生會的總務**最上千幸**，則是男主角的青梅竹馬，喜歡用幸福值來計算所有人的幸福度，並主張「合計數字大就代表正義」。最後一位是擔任文書的**自由學姐**，她將任何形式的自由都視為正義。四位主角秉持著不同立場來探討各種議題，並從轉賣炒麵麵包是否符合正義，到轉賣接受手術的權利是否符合正義，讓讀者能慢慢地認識到他們立場的不同。

接著，四位主角出席**風祭封悟老師**的倫理課，故事逐漸接近本書探討的核心議題，也就是：判斷正義的基準究竟是什麼？風祭老師指出，這些基準就是平等、自由、宗教，因為：

不平等是指沒有正當理由，歧視或不平等對待他人的行為，這是不正義。

不自由是指剝奪人類自由生存權的行為，這是不正義。

反宗教是指破壞宗教或傳統價值觀的行為，這也是不正義。

在追求這三種正義的過程中，人類發展出功利主義（重視幸福的正義）、自由主義（重視自由的正義）、直觀主義（重視道德的正義）。而這三種形式各異的正義，難以避免互相衝突、牴觸。

很高興看到日本高人氣作家飲茶完成這本《正義教室》，這將有助於高中公民與社會科老師引導學生進入哲學思辨的領域。在舊課綱裡，原本就有兩章介紹道德判斷的理論與各種倫理議題價值判斷的兩難，而進入108新課綱後，更有專章探討「公平正義」的議題，從個人權利、群體權利與公平正義的關聯性，延伸至民主社會如何解決公平正義有關的爭議。《正義教室》是一本哲學入門書，藉著小說生動的描繪方式，深入淺出地介紹各種思辨正義基準的概念，透過生動活潑的故事，介紹各種議題、哲學流派以及不同的思考角度，藉此詳加探究正義的判斷基準。本書比起哈佛大學政治哲學教授桑德爾的《正義：一場思辨之旅》，對高中生而言，應是更加生動有趣、平易近人，定能引發學生的閱讀興趣，廣受讀者好評。

序章

一名男子的抉擇

熊熊大火擋住了去路。

張牙舞爪的烈焰彷彿具有生命般，在狹長的走廊上沿著牆壁蔓延，尋求更多物品當作燃料壯大自己。火舌肆虐的白牆上，整齊地貼著許多圖畫紙。紙上的畫看來應該是出自幼童之手，而火焰就像是在貪婪進食似地，一步步吞噬這些圖畫，緩慢而確實地擴及整面牆。有一名男子正身處如此光景之中，面臨著重大抉擇。

「右邊……還是左邊……？到底哪邊才是對的……？」

男子站在走廊盡頭的T字形路口。他現在必須選擇究竟該往右走，還是往左走。

「該往哪走才對……」

男子陷入迷惘。

然而，他並不是在煩惱該往哪邊走，才能逃出火場。如果他是要選擇往哪邊逃的話，其實非常簡單：他只要回頭沿原路離開就好。

然而，男子的腦中並不存在逃走這個選項，因為他原本就是從沒有火的安全地帶走過來的。他是不顧周遭勸阻，出於自己的意志，闖入火場中的。

他是一名消防員。這是他進入火場的第一個理由。

雖然他身為消防員，但今天沒有值勤，只是碰巧人在火災現場。也因為這樣，他並沒有穿上防火衣等裝備。

男子心想，不能因為這樣就逃避身為消防員的職責，自己是現場最具備火災專業知識的人，有義務以消防員的身分進行最妥善的處理。

不過，男子當然不可能只是出於這樣的理由，就在沒有像樣裝備的情況下，貿然衝入火場。

他隻身涉險的另一個原因，就是自己的女兒目前也身陷火場。即使自己不是消防員，單憑自己身為一個父親，也應當盡一切努力救出女兒。

男子平時都會塞一個透明的大塑膠袋在口袋裡。用力甩開可以讓袋子膨脹起來，包住空氣。套在頭上的話，便能在火場短暫行動，不至於吸入濃煙。

火災現場是東京一個住宅區內的幼稚園。男子五歲的女兒在此就讀，他也曾多次前來接送，對建築物相當熟悉。他很了解建築物內部的格局，知道要去哪裡該怎麼走。實際上他也清楚知道，在他目前身處地T字路口往右轉，就會抵達保育室。

男子每次就是來這裡接女兒的。保育室是幼稚園最大的房間，約三十名的小朋友平時都會聚集在這裡唱歌、跳舞、玩玩具。

每次來接女兒時，他只要將頭探入房間叫喚女兒，她便會開心地大叫：「等我收一下東西喔！」然後將玩過的玩具收進箱子，向朋友及老師一一道別後再過來找爸爸。女兒在家雖然任性又愛撒嬌，讓人拿她沒辦法，不過上了幼稚園後，似乎明顯懂事許多。這番成長，在男子眼中簡直可愛得無以復加，為了多瞧瞧女兒，他有時甚至會主動代替妻子負責接送。

要前往保育室的話，往「右」走就對了。但男子知道，女兒人不在保育室。因為一小時前，他才接到電話通知女兒突然發燒。

這間幼稚園只要有小朋友發燒，園方就會讓小朋友待在保健室，避免傳染給其他人，然後打電話給家長，請家長盡快前來接回家。男子今天剛好沒有執勤，所以是他來接女兒。也因為接到了園方通知，他知道女兒人在保健室，而不是在保育室。

保健室位在保育室的相反方向，也就是在T字路口往「左」轉的地方。因此，要救女兒的話，往「左」走就對了。

「但是……」男子猶豫了。

保育室裡還有許多小朋友，不管他們而先去救自己女兒，這樣做是對的嗎？

消防隊並沒有規定「消防員應該最後再救自己家人」，但男子很清楚，這才是「正確」的理念。

遇到地震之類的重大災害時，消防員或醫師無論如何都不能因為擔心自己的家人而丟下工作，置眼前亟需救援的民眾於不顧。

但是話說回來，他今天沒有執勤，也不是因為出勤而來到這裡的。再加上身上沒有像樣的裝備、又是隻身一人，就算去到保育室，又能做些什麼？不管怎麼說，如果只救得了幾個人的話，在這種狀況下當然應該優先救自己的女兒，不然還有資格當父親嗎……？

男子的腦中充滿了各種想法。但愈想下去，就愈不知道怎樣做才算正確。

「右邊？還是左邊？該往哪邊走才對？」

這時候，或者該說，正因為是這種時候……兒時的回憶有如走馬燈般在心頭閃過。

是啊，我從小就是想成為正義的一方的。

在大家遇到危機時帥氣登場，當個拯救眾人性命的正義英雄。我就是因為這樣，才選擇消防員這個工作的。

這樣一名正義的英雄，在這種情況下，該做出什麼選擇呢？應該……不，是絕對，絕對會放下私情，選擇去救整群小朋友！

男子下定決心要往「右」走。因為他相信，他不該受限於自己的情感。前往保育室拯救多數小朋友的性命，才是「絕對正確的事」。

但就在此時……

「爸爸……」

他聽見了女兒微弱的呼叫聲。

這聲「爸爸」馬上就被烈焰發出的巨響蓋過，後來男子就再也沒有聽到。

說不定，這只是自己的大腦配合眼前的場面製造出來的幻聽。男子這樣想。但呼叫聲明顯是從左側，也就是保健室的方向傳來的……至少男子這樣覺得。

男子馬上往「左」轉，朝保健室的方向狂奔。他做出的決定是「救女兒」。

自己原本已經強壓下對女兒的情感了。從女兒出生至今，自己對她付出了多少時間與愛呢？那聲呼叫或許只是幻聽，但再怎麼微弱，也足以喚醒男子身為人父的本能。

男子滿腦子只想著要去救女兒，往「左邊」奔去。此時對男子而言，「扮演父親的角色保護自己女兒」是「絕對正確的事」。

話雖如此……接下來男子聽到的聲音，讓他停下了腳步。

從他的背後，也就是從保育室的方向，清楚傳來了小朋友的尖叫聲。不，不是尖叫。是慘叫。

而且是他不曾聽過的慘叫聲。

男子自己有小孩，也經常去有小朋友的地方，對於小孩的哭叫聲，他早就習以為常。因為跌倒擦破膝蓋、在玩具賣場被大人拖走時，小朋友都會使盡全力哭喊，完全不在意周遭目光，哭聲淒厲的程度不是大人模擬得出來的。

但這些完全比不上現在傳入男子耳中的聲音。那是一個生命忍受不了致命的疼痛，遭受折磨時發出的聲音——那是名符其實的慘叫。他腦中閃過了種種影像：火燒到衣服上，讓小朋友承受了難以想像的痛楚。

男子停下腳步回頭了。

置這些哭喊聲於不顧去救女兒，真的是正確的嗎？

該往右？還是該往左？到底哪邊才是正確的選擇……？

已經沒有時間猶豫了。男子選擇了其中一邊。

事情過了幾天。白天時段播放的新聞節目，全都在討論前幾天發生的幼稚園火災，話題集中在年幼的罹難者，以及消防員在火災現場做出的「選擇」。

男子成了輿論焦點。他出現在電視畫面上。

只見男子面容憔悴，雙眼滿是血絲，看起來似乎好幾天都不曾闔眼。一支支麥克風堵在男子面前，逼迫他一次又一次去說明他不願再回想的火場狀況。男子虛弱勉強地拼湊出不帶感情的制式回答，這令媒體記者十分不耐。他的說詞並無虛假與矛盾之處，只是原原本本地交代了當天自己所見、所理解的情形。

然而，光這樣是不夠的。平實的說詞，無法成為有用的題材，讓記者媒體可以大作文章、反覆報導。

媒體想要的，是錄到這名悲慘的當事人哽咽、情緒潰堤、痛哭失聲的畫面，哪怕只有幾秒也好。

這才是他們想要的畫面。

但媒體也很小心，避免過度刺激男子的情緒。畢竟，不論網路上或現實世界，都有許多人在關注這件事。這名衝入火場的消防員當時並不是在值勤，只是碰巧人在現場。如果窮追猛打，要求他對這次火災中罹難的幼童負責，媒體的新聞倫理會受到質疑，還可能成為眾矢之的。

於是記者換了個角度，提出了一個「是非題」。

「你認為自己採取的行動是正確的嗎？」

「……」

男子頓時語塞。

在場媒體迅速察覺了男子的變化，認為這是個好問題，開始接二連三提出類似的疑問。

「你認為你的選擇是『正義』的嗎？」

男子僵著身體，一句話都說不出來。

記者一擁而上，將麥克風湊得更近，以便清楚收到男子回答。

「不……不是……不是正義……」

男子好不容易用微弱到幾乎要聽不見的聲音回答後，突然用雙手摀著嘴，渾身顫抖起來。記者眼見機不可失，紛紛按下快門，此起彼落的閃光燈打在男子臉上。就在下一瞬間，男子大聲地呻吟起來，同時雙頰鼓起，將胃裡的東西一股腦地吐在了在場記者身上。

第1章 女孩們的道德觀

「正義是什麼?」

我在半夢半醒之間這麼問自己。

「正義究竟是什麼?」

這個問題是沒有意義的。因為,這是一個人類自遠古以來就不斷在尋求解答的歷史難題,我很清楚自己不可能就這樣想出答案。

但話說回來,我覺得小時候的自己,是有辦法回答這個問題的。不,應該不只是我,如果把時間限定在童年時代,大概每個人都有自信能回答這個大哉問吧。

難道不是嗎?

「守護和平的英雄」和「企圖征服世界的黑暗組織」。

「警察」和「小偷」。

「被欺負的人」和「欺負別人的人」。

哪邊是正義的一方,哪邊是壞蛋,連想都不用想,根本一目瞭然。沒錯,在每個人的童年,守護正義這件事是非常簡單又單純的。

因此,小時候的我可以堅信自己可以貫徹正義,大聲這麼說:

「住手！欺負別人是不對的！」

然而……隨著年齡增長，這種正義卻漸漸行不通了。

「你別幼稚了好嗎？」

「你別搞不清楚狀況！」

阻止霸凌、幫助有需要的人、乖乖守規矩。這些事情原本對任何人而言，應該都是「正確的事」、「理所當然的正義」才對。但不知不覺間，大家漸漸不再把「理所當然的正義」視為理所當然。主張「正義」的那一方，在他人眼中反而成了「白目、讓人看不下去的傢伙」。

為什麼會這樣？大家小時候明明那麼喜歡正義的英雄，甚至可能還曾經相信電視上的英雄真的存在。為何長大後，卻愈來愈把伸張正義的人當成眼中釘？

想必是因為：大家在某個階段察覺到，正義不過是種「場面話」吧。

那個關鍵的時刻，或許就是在發現假面騎士其實不存在，都只是電視演出來的那一刻。

當某天知道小時候深信不疑的「正義」，只是編造出來的，和現實並不一樣的同時，我們也就不再相信那有如童話般，名為「正義」的幻想了吧。

但假設有個人已經有一定年紀了，卻還把「正義」掛在嘴上呢？

「不可以做壞事！我要告訴老師喔！」

這就跟一把年紀還相信聖誕老人存在一樣幼稚。也可以說他是白目、不懂得合群的怪人。這種人……一定會被討厭的。

「正義是什麼？」

「正義」的定義，在小時候曾經如此清晰明確，但我現在，已經漸漸搞不清楚正義是什麼了。

不過，我卻在心裡鬆了口氣。

的確，我發現「正義不過是場面話」的時刻，是比其他同學晚了點。

但我終於變得和大家一樣了，變成了一個不相信正義的人。表面上雖然會說霸凌是不對的，但私底下如果有比自己弱勢的朋友出糗了，還是會和大家一起嘲笑、若無其事地傷害對方。我終於成為了一個這樣的普通人。為了確認這一點，我偶爾會這樣問自己：

「正義究竟是什麼？」

嗯，沒事，我果然還是不知道。我已經完全不知道正義為何了。

「正義……」

到頭來，正義這回事不過和兒童節目中的英雄一樣，都是編出來的，從頭到尾都不曾存在於這個世界上。

「正義同……？」

所以，正義什麼的，我早就——

「正義同學？」

「哇！」

湊到我面前的女生喊了幾聲後，讓我從腦中的小劇場回過神來。我睜大雙眼，環顧四周，努力理解現在究竟是什麼狀況。

這裡是學校，現在是放學後。對了，我正在學生會室參加例行會議。

「正義同學，你有在聽嗎？」

眼前這名女生冷冷瞪著我。她名叫德川倫理，是學生會副會長。我本想隨便找個理由搪塞過去，但還是打消了這個念頭，決定老實承認我剛剛在發呆。

「抱歉，妳可以再說一次嗎？」

「你沒在聽是吧？」

「啊，嗯，抱歉……」

「為什麼啊？你沒有身為學生會長的自覺嗎？」

「沒有，不是啦……」

「那為什麼連開會時專心聽別人說話，這種理所當然的事都做不到了呢？」

「因為，呃……」

「呃，然後呢？」

……有夠煩的。早知道就隨便編個理由打發她了。

擔任副會長的倫理總是這樣。我這個學生會長要是有什麼沒做好的地方，她都會窮追猛打。話說回來，我不是都說了兩次「抱歉」了嗎？真是愈想愈火大。

但老實說，我很怕她。

德川倫理一年級時和我同班，當時我是班長，她是副班長。升上二年級後我們不同班，但我成了學生會長，她則是副會長，結果還是遇到了。換句話說，這就是所謂的孽緣吧。我們好歹相處那麼久，也熟到可以直接叫對方名字的程度了，但很遺憾，我們彼此之間並不存在信任。

要說原因的話，問題應該是出在「熱忱的差別」。

我雖然擔任學生會長，但絕對不是什麼「優等生」。這樣說吧，當班長的時候也是，講白了，其實我根本就不想當。是我的青梅竹馬千幸（坐在那邊的那位雙馬尾，嘻嘻笑的那個呆瓜，她最喜歡幸災樂禍看我被副會長質問）強行「推薦」了我，我才像是被擺了一道似地當上班長的。

至於倫理，她就像她的名字，是個注重倫理、循規蹈矩，一板一眼的優等生。據說她還有個外號叫作「學校的良心」。當然，她是出於自願擔任副會長的。

出於這些原因，我和她的熱忱自然有差。沒有幹勁的我，對於充滿幹勁的她感到既不好意思又害怕。而她則對我非常不爽。她應該常常覺得：「為什麼會是這種人當會長？」

不過，嗯，總之，完全多虧了能幹的她，即便有我這種學生會長，學生會還能順利運作。所以說，如果讓副會長大人不開心的話，可是非常不妙的，我就忍氣吞聲，把在心中揮舞的憤怒之拳收起來，向她陪笑道歉，打發過去吧！

「算了。」

倫理轉過身去的時機還真是剛好。呃啊……我拚命擠出來的笑容（而且還配上了拜託她高抬貴手的窩囊姿勢）就這樣被華麗地無視，讓我內心受了嚴重創傷。一旁的那個呆瓜青梅竹馬還憋笑憋到發抖。可惡，少給我得意忘形，等一下絕對要妳好看！

「轉賣炒麵麵包」有違正義嗎？

轉過身去的倫理走到了黑板前。每次開例行會議，倫理都站在那個位置。那裡原本應該是我這個學生會長的位置……但抱歉，因為我無法勝任會議主席，所以被解職了。

「那麼就回到議題上，關於學生合作社接到的抱怨。」

倫理用她清亮的聲音繼續召開會議。

倫理光亮的直髮留到了腰部，瀏海直直在眉毛處切齊。日本人偶般的和風髮型，搭配端正的容貌，完全就是個清純美少女，用「大和撫子」來形容是再貼切不過了。

「要是她個性溫柔點的話，一定會更受歡迎吧。」

我邊想著，邊盯著她姣好的面容，結果剛好和倫理的眼神對到，讓我心跳快了一拍。這時，我眼角瞄到了呆瓜青梅竹馬正一臉不爽地瞪著我，但我不知道她在不爽什麼。先不要理她好了。

「會長，你知道炒麵麵包嗎？」倫理突然對著我問。

「炒麵麵包，就是夾炒麵的麵包吧？」我慌張地回答。

「沒錯，就是那個碳水化合物夾著碳水化合物的詭異食物。」

「等一下！炒麵麵包哪裡詭異了？」這時有人插進了我們的對話。

這位說話的人，就是我的呆瓜青梅竹馬，也是學生會的總務，最上千幸。

講白了，這傢伙就是一切的元凶，萬惡的根源。現在我之所以被逼著當學生會長、參加不想參加的會議，全是這傢伙害的。她一直以來都喜歡整我，只要一有機會，就會推薦我擔任「班長」、「學生會長」等重要職位，而且還會煽動班上同學同意，逼我坐上那些位子。欣賞別人困擾的樣子，肯定是她的興趣吧。虧我小時候還挺照顧她的。她怎麼會變成這種人呢？

千幸頂著一頭亂髮，還硬綁成雙馬尾。現在她氣噗噗地對著倫理回話。我說妳啊，不用那麼在意炒麵麵包吧。幹嘛那麼激動啊？

在學生會這種嚴肅的地方，有個熟識的青梅竹馬在，照理來說應該讓人放心不少，但實際上，千幸是個讓人傷腦筋的麻煩製造者，她和副會長倫理的關係可說是水火不容。或許是出於某種較勁的心態，就算雞毛蒜皮的小事她也會和倫理吵起來。

「我不允許這種歧視炒麵麵包的發言，請妳收回。」千幸怒氣沖沖地說道。倫理只是不發一語地冷冷看著她。

兩人的互瞪似乎永無止盡，四周的空氣也隨之凝結。

「嗯～，我是覺得炒麵麵包很好吃啊～！」

此時，用一派輕鬆的口吻陳述自己感想的，正是擔任文書的自由學姐，也是學生會唯一的三年級生。

坐姿慵懶的自由學姐穿著鬆垮的制服，本名叫作「Liberty・自由・Freedom」，從名字就可以知道，她是個混血兒。自由學姐其實是個美女，淺色的波浪長髮留到了肩膀，加上胸前的制服鈕釦沒扣上，渾身散發著淡淡的性感。某方面來說，她和倫理是處於兩種極端的人，但好歹她是學姐，所以倫理也不太會對她管東管西。

照理來說，我應該會希望年紀較長的自由學姐出面調停，結束這無意義的爭吵，不過我已經不期不待了。因為看著千幸和倫理爭吵，學姐反而樂在其中。她只會用不痛不癢的口吻火上加油，至今為止，我一次都沒看過她扮演好滅火的角色。如果你見識過她溫柔笑容下的壞心眼，你一定會懷疑，搞不好她才是學生會的大魔王。

總之，倫理、千幸、自由學姐，還有我，學生會的成員就是以上四人。雖然我很想炫耀自己可以左擁右抱，但實際上，這幾位女性帶給我的，只有無止盡的精神折磨。啊，好想趕快開完會，趕快回家啊。

「開會的時候討論對於食物的喜好，只是在浪費時間。總之，現在合作社遇到的問題，就是有人會每天把炒麵麵包一次買光。」

面對氣噗噗的千幸，倫理沒做出任何回應就繼續新的話題了。面對倫理冷淡的態度，千幸啞口無言，氣得說不出話。我已經預想到，幾秒鐘後千幸一定會這樣說：「先對食物發表個人喜好的人是妳吧！」

但我真的不想再看她們兩人為了無聊的事情針鋒相對。我只想趕快開完會。所以我搶在千幸做出反應前，連珠炮似地講了一串話，好讓會議趕快進行下去：「欸——！炒麵麵包這麼受歡迎喔！所以是有人來抱怨麵包都被買走了，他們買不到麵包嗎？」

「不，他們不是抱怨這個，是抱怨轉賣的事。」

「轉賣？」

倫理對著黑板畫起畫來。眼見話題已經被帶開，千幸悻悻然地用鼻子「哼」了一聲，默默坐下。

過了一會兒，倫理拍掉手上的粉筆灰說：「就像這樣。」並開始對著黑板說明。她的畫倒是很可愛，和本人的個性似乎對不起來。

「首先，教室離合作社最近的學生，趁地利之便，買下了所有炒麵麵包。接著他們在合作社旁邊，用高於原價五十圓的價格，將自己買來的麵包轉賣給其他學生。」

「這樣賣得出去喔？」

「是的，幾乎每天都銷售一空。雖然我無法理解。」

噹噹噹噹
我衝!!!
合作社
$100
$100
$100
三明治
咖哩麵包
炒麵麵包
限定10個
買起來
炒麵麵包一個
150圓喔——
炒麵麵包
150圓／個
給我!
我買!
我要!

倫理說明到最後，加了一句不必要的感想。她的眼神掃過大家，雙手往桌上一拍，發表了自己的結論。

「轉賣炒麵麵包是違反正義的行為，我在此提案，學生會應該嚴加取締！」

今天的議題竟然是這件事啊，真是有夠無聊的。這是我最直白的感想。

「嗯……轉賣麵包啊……」

老實說我覺得這種事根本怎樣都沒差，但目前還是做出有在思考的樣子好了。嗯，決定了，就說些「學生之間的金錢往來會敗壞風紀」之類的鬼話，警告一下那些轉賣的人吧。然後趕快做出結論，接著就散會，散會！

「等一下！轉賣有什麼地方違反正義了？」

我慢了一步。我還來不及說話，就被千幸搶在前面。

千幸接著說了下去。「所謂正義，應該是增加全體幸福度的行為吧？讓大家都得到幸福的行為，才叫正義！轉賣不就是把東西提供給真正想要的人的制度嗎？這樣的話——」

千幸朝著黑板走過去。她手拿著粉筆，在倫理畫的「合作社阿姨」、「轉賣的人」、「買麵包的人」等所有人臉上，硬是畫上笑容，還在周圍加了一朵朵小花。

「妳看！合作社阿姨把炒麵麵包全賣完了，很幸福！轉賣的人賺到錢了，很幸福！就算多花錢也不惜要吃到炒麵麵包的人吃到麵包了，很幸福！炒麵麵包去到了真心渴望自己的人身邊，很幸福！所有人的幸福度，也就是幸福值的合計數字也變高了！」

呃，我覺得最後那個幸福值，好像有哪裡怪怪的。

「以上完美證明了『轉賣炒麵麵包』這件事是正義的！」

千幸一臉得意地挺起了她沒什麼看頭的胸部。千幸不知從何時開始，就喜歡用「幸福值」這個謎樣的指標來計算所有人的幸福度，並主張「合計數字大就代表正義」。她究竟是受了什麼衝擊才變成這樣呢？

「順便告訴大家，根據我的計算，這個轉賣的行為，讓幸福值提升了兩百五十分之多喔。」

千幸突然轉過頭來，朝我露出笑容。

「欸——兩百五十分喔……」

雖然我本來想吐槽她這是哪門子計算啊，但問下去的話一定會沒完沒了，所以我決定簡單打發過去。

「什麼幸福值的，雖然不知道它是什麼，不過我贊成千幸喔。」

自由學姐維持著慵懶的姿勢，舉手發表了意見。幸福值這個重點被直接跳過，讓千幸露出了受到打擊的表情，但自由學姐絲毫不以為意，用她一貫我行我素的口吻說道：

「應該說，自己的錢要用來買什麼、買多少，買來的東西要怎麼處置，都是當事人的自由吧？說是要取締，具體又該怎麼做？訂出新的校規？像是『不可以把炒麵麵包全部買光』或『不可以轉賣炒麵麵包』之類的嗎？那麼小的事都要一一規定的話，大家的日子可就沒完沒了了。」

原來如此，的確是這樣。啊，不過……。

「那貼公告說『炒麵麵包每人限買一個』怎麼樣呢？」

這是我突然想到的點子。原本覺得扯到校規未免太小題大作，貼張公告應該就能解決了，所以想姑且提出來看看。然而，看到自由學姐露出的表情，我馬上就後悔了。

「正義學弟，你那是最膚淺的想法喔。」

完了，我踩到自由學姐的地雷了。

「那假使我帶很多朋友去，每人買一個，當場把麵包買光的話，又要怎麼辦？難道又要貼張新公告說『不可以一群朋友一起來買』嗎？那又要怎麼定義誰跟我是朋友，誰又不是朋友？又要如何證明？」

自由學姐的原則就是「自由」。她似乎認為，活得自由，就是人類被賦予的最基本人權。自由學姐平時一副優哉游哉的樣子，但若聽到任何人的自由被侵害的事件或提議時，態度會變得異常尖銳。

「聽好了！正義學弟！頭痛醫頭、腳痛醫腳式的追加規定，只會變成一個死胡同。一直修訂、修訂，規則只會愈變愈多！學生會應該要守護學生的自由，怎麼可以增加規定，限制學生自由！規則應該維持在最低限度，最大程度保障學生的自由才對！這才是我們學生會的使命，這才是正義！」

態度一向溫和的她突然變成這樣，還真教人害怕。

「總、總之，妳們兩個都認為應該允許轉賣是吧？」

「等一下！」

這冷冷的一聲喝斥，讓所有人都停了下來。

「小鎮上只有一家醫院。」

原本一直默默聽著我們對話的倫理，突然沒頭沒腦冒出了這句話。她不理會滿頭問號的我們，繼續說下去。

「這是一家一天只能動三次手術的小醫院。住在隔壁的人每天早上都來預約手術，然後將接受手術的權利用一百萬圓賣出去。大家覺得這種行為算是正義嗎？」

「這個……不算是……正義吧。」千幸回答。

「不需要動手術的人還跑來預約，這就是不對的吧？」自由學姐回答。

「沒錯，這不是正義！可是這和轉賣炒麵麵包的事有哪裡不一樣？願意多付錢讓自己先動手術的人得到了幸福，所以這種行為是正義嗎？既然預約手術和出售動手術的權利都是自由，那麼隨他們決定要怎麼做，這就是正義嗎？當然不是！我們都認同，趁人之危、『只以獲得金錢為目的進行經濟活動是不對的。這種感覺不正是我們自然而然具備的倫理、道德、正義嗎？」

倫理說完，雙手重重拍在桌上。她那認真到嚇人的表情，讓千幸和自由學姐無所適從，完全忘了反駁。

「會長——正義同學，你怎麼看？」

「嗄？」

倫理的矛頭突然指向自己，讓我一時之間無法反應。

「在合作社轉賣動手術的權利，你對這件事有什麼看法？」

「嗄？呃，這……」

話題根本岔開了嘛！這和剛才討論的議題完全不一樣啊。我們現在應該討論炒麵麵包——

「沒錯，正義是怎麼想的？轉賣手術的權利，讓幸福的人增加了，這算是正義吧！」

「自己沒做好準備，結果被人當成肥羊，那也是自己該負責啊！對吧？正義學弟！」

她們兩人像是回過神來，開始滔滔不絕地向我提出意見，還要求我贊同。

不對不對！妳們搞錯重點了吧！

我還來不及說出心裡的吐槽，她們三人已經就「手術權利能否轉賣」，自顧自地發表起了各自的意見。接著，她們轉過身面對我，異口同聲地問道：

「正義，你覺得誰才是對的？」

——小時候，所謂的正義對每個人而言，都是清清楚楚、簡單明確的。正因如此，小時候我的才有辦法斷定什麼是正義。但隨著自己長大，似乎不是那麼一回事了。

總之我現在只知道一件事，那就是今天又得晚回家了……。

「正義是什麼？我……」

我喃喃自語道。在她們各執己見，爭論怎樣才是正義時，我想起了昨天上的「倫理」課。

第2章

三種正義：平等的正義、自由的正義、宗教的正義

「正義是什麼？」

倫理課一開始，風祭封悟老師環顧所有學生，提出了這個問題。

想也知道，沒有人回答。正確來說，恐怕連認真聽他說話的人都很少。

我們學校的學生可以從「日本史、世界史、地理、倫理」之中，挑一門課選修，倫理是最沒有人要選的，因此教室裡的學生稀稀落落。

我大概猜得到，為什麼倫理課那麼沒人氣。畢竟，在日本史、世界史或地理課，學生會很清楚知道要學些什麼。但倫理這門科目，就讓人摸不著頭腦了。

「好啦，從今天起要開始上倫理課了，不過你們知道這門課是要學什麼嗎？」

風祭老師像是沒事似地繼續講課。老師在學校是出了名的怪人，他頂著一顆光頭，身穿高領上衣，戴著紅色鏡片的眼鏡，這身風格強烈的裝扮，實在讓人想像不到他是一名教師。

「以字典上的定義來說，倫理這個詞有『做人應該遵守的道理』、『道德』、『正義』等意思。所以，『倫理課』就是『正義課』。換句話說，大家可以理解成這是一門『學習正義是什麼的課』。」

聽到這番話，我有點失望。搞什麼，倫理課竟然是要學「正義」啊，早知道就不選了。

因為這種問題是不會有答案的。

「山下正義同學，你是學生會會長吧？」

我正在想事情，結果突然被老師叫到，心猛地跳了一下。但仔細想想，這也沒什麼好大驚小怪的。

因為我坐在最前面，也就是老師眼前的座位。至於為數不多的其餘學生，則全都坐在後排。基本上，來上倫理課的人都是選課選輸人的。日本史、世界史太多人想選了，選輸的人就只能上倫理課了。

這些人自然無精打采，在空蕩蕩的教室後方選定位置，自顧自地念起其他科目的書。老實說，我也很想像他們一樣，在最後面的座位悠哉打混。但是，坐在我隔壁的副會長倫理可不會允許這種事。

「學生會幹部要當全校學生的表率。」

奉這句話為座右銘的副會長，不可能容忍我做出「明明前面還有座位空著，卻要坐到後面上課」這種行為。

所以我現在坐在最前面，左右兩邊坐著倫理和千幸。自由學姐則一如往常，懶洋洋地坐在最後面。雖然她是學姐，但聽說為了配合學生會成員，今年特地選擇上倫理課。我真羨慕自由學姐強大的心理素質，可以無懼副會長的壓力，想坐後面就坐後面。

總之也因為這樣，學生會所有人都有來上了這門課。

「那我就來問學生會長吧，什麼是正義？」

「嗯，呃……正義就是……做正確的事……吧？」

我連忙想了套說詞，可是怎麼會想出如此幼稚的答案呢？這就像被問到什麼是頭痛，結果回答「就是頭很痛」一樣，感覺有點丟臉。坐在後面的其他學生就算了，我還真不敢看隔壁的學生會成員臉上是什麼表情。

「原來如此。所謂正義，就是做正確的事……。雖然是個很簡單的答案，不過說得一點也沒錯。這是個平鋪直敘的爽快答案。」

老師似乎對這個回答頗為滿意。

「就像學生會長說的，所謂正義就是『做正確的事』。不過，要怎樣才能做出『正確的事』呢？這個問題可不簡單。請大家想想看『犧牲少數人就能讓多數人得救』這種狀況。面對這種狀況時，你們有辦法做出『正確的選擇』，也就是選擇『正義』嗎？」

我沒記錯的話，這種狀況，就是所謂的「有軌電車難題」吧。

1.有一列失控的電車，軌道前方有五個人，電車直接撞上去的話，五個人全都會死。

2.如果你拉下切換軌道的操縱桿，這五個人便能得救。

3.但電車切換到的那條軌道上，有另一個人會被電車撞上，等於犧牲了一個原本與這起意外無關的人。

而你將面臨「如果是你，會怎麼做？」這個問題。簡單來說，就是「要對五個人見死不救，還是犧牲一個人救五個人」？不久之前，

國外有一堂課就是在討論這個問題，引發了熱烈討論，所以我很有印象。

「大家可能會覺得，為了救多數人而犧牲少數人是有違正義的。但如果執著於這一點，而對眼前發生的慘劇視而不見，似乎也不對。

我來舉極端一點的例子好了。假使多的那一方是七十億人，少的那一方只有一個人，而且是背負多條人命的死刑犯。在這種情形下，你們還有辦法對七十億人死亡這種慘絕人寰的悲劇視而不見嗎？」

不，當然沒有辦法。話是這樣說沒錯，但如果另一邊的這一個人，剛好是自己的戀人、家人，或是獨一無二、無可取代的人，又該如何是好……？

面臨這種抉擇時，不論人多的那一方是一百人、一千人，或甚至是地球上的全人類，應該還是會有人只救對他而言重要的人吧？嗯……這樣的話，這個問題的答案……。

「學生會長，你怎麼想呢？」

「我覺得……這種事因人而異吧。」

糟了，突然被老師點到，讓我不小心把心裡話直接講出來了。

這個回答是我的真心話沒錯，但面對這種問題時，「因人而異」可以算是最糟的答案。更何況我可是學生會長，照理來說，我應該是要負責解決各種問題的，先不論心裡真正的想法為何，給出這種感覺完全沒有在動腦的答案，實在非常不妙。

我左邊偷瞄，只見副會長倫理低著頭，用手摀住嘴巴，身體不住地顫抖。完蛋了，她是在強忍怒氣，這個回答果然一點也不合她的意。

「因人而異啊……原來如此，這也是個很中肯的答案呢。」

老師，你人真好……。聽到我這麼白目的答案，風祭老師絲毫沒有不悅。對一個平常只要稍有不慎，就會遭受嚴厲吐槽的人而言，這真是太值得感激了。

「就像他說的，這是一個乍看之下每個人各有不同答案的問題，實際上大概也是如此。那麼，就這種問題探討『正義』，是不是根本沒意義呢？不，並不是。的確，這個問題或許沒有明確的答案，但我們可以分析人在面對這種狀況時，是以何種基準判斷『正義』的，並討論這個基準是否適當。」

判斷正義的三大基準

老師轉過身，在黑板上寫起字來。

「人在判斷什麼是正義時，依循的基準是什麼？其實大致區分起來，判斷基準只有三種。」

嗯？這我還是第一次聽說。

正義這回事，每個人都有自己的見解，是不會有正確答案的。我一直以來都是這麼認為，也正因如此，我覺得思考、討論正義是沒有意義的。然而，風祭老師同意每個人對正義的看法不同，卻又說「判斷正義的基準其實只有三種」，令我不禁好奇了起來。

老師在黑板上寫下三個詞：平等、自由、宗教。

接著他轉過身來說：

「人類的三種『判斷正義的基準』，就是『平等、自由、宗教』。」

這還真是出人意料地簡單！真的就只有這樣嗎？

「可能會有人懷疑，真的只有這三種嗎？不過我希望大家把眼界打開，試著從全世界的角度來思考。實際上，縱觀全世界可以發現，世界上有尊重『平等』的國家、尊重『自由』的國家、尊重『宗教』的國家這三類，各自主張自己國家的正義，相互衝突對立。」

我心裡有種恍然大悟的感覺。聽老師這樣一說，的確如此。

「舉例來說，有的國家認為共產主義或社會主義之類的『平等』是絕對正確的。但也有國家批評那樣太過壓抑，因此主張『自由』才是絕對正確的。另外，有的國家則認為某種『宗教』，也就是『自己國家的傳統價值觀』是絕對正確的。」

原來如此。

過去我從來沒有想過，但世界上「主張自身正義的國家」，的確可以大致分為這三類。

「那麼，根據『平等、自由、宗教』這三項判斷基準做出的行為，為何可以稱為『正義』呢？從這三項基準的反面來思考的話，就很好理解了。舉例來說，平等的相反就是不平等，一般應該都會認為這是不好的。」

這樣說是沒錯啦。假設大家做相同的工作，每人可以得到一顆蘋果做為報酬，但如果無緣無故（或是出於暴力、出身高低等因素）只有某個人能額外獲得九顆蘋果的話，這種事怎麼想都不正常。若以善惡來區分，絕對算是「惡」。

「如果你們覺得『只有特定的人能獲得特權』或『遭到歧視而蒙受損失』這種不平等的狀況是『不對』的，那麼，試圖加以改善的行為，也就是追求平等的行為，當然就是『正義』了。」

原來如此啊。既然「正義的相反是惡」，想確認某件事是否是「正義」的話，只要試想這件事的相反是不是「惡」就行了。照這樣說的話，我們都覺得「不平等或歧視」是不對的，所以與之相反的「平等」對我們而言就是正義囉？

「同樣地，請大家想想看自由的相反……也就是不自由。所謂的不自由，是指受到強制、拘束、支配等，自由生存的權利遭剝奪的狀態。『使得他人不自由』，或是說『剝奪他人自由』可說是典型的惡質行為。」

這點我完全同意。那些正義英雄作品裡的邪惡組織，如果要說他們壞在哪裡，就是因為他們征服世界或劫取幼稚園校車這些行為，剝奪了他人的自由。

換句話說，他們就只因為這一點，而被貼上了「惡」的標籤。如果是在無人島上做一樣的事，可能沒有人會稱之為「惡」吧。

這樣說好了，假設有個組織宣稱：「哈哈哈！我們佔領了無人島！劫來了沒人搭的竹筏喔！」嗯……一點也不邪惡。所以，「邪惡組織」是因為剝奪了大家的自由而被視為「惡」；「正義的英雄」則扮演了阻止他們的角色，因此是「正義」。

「最後，宗教的相反，是反宗教……不過不熟悉宗教的人可能不太好理解。那就請大家試著想像『違反社會傳統價值觀的行為』，例如隨意破壞墳墓、虐待老人之類的。另外，在感情上腳踏多條船也可以算進去吧。你們應該都會覺得這些行為是不正義的。」

風祭老師一面這麼說，眼睛一面直直盯著我。

咦？不不不，我兩邊是都坐著女生沒錯，不過我們可不是那種關係啊！

老師無視我的窘態，說道：「我們來整理一下。」又在黑板上寫起字來。

不平等：沒有正當理由，歧視、不平等對待他人的行為 → 惡

不自由：剝奪人類自由生存權的行為 → 惡

反宗教：破壞宗教或傳統價值觀的行為 → 惡

「我們定義為惡的行為，可以大致分成這三種。反過來說，試圖避免、改善這些惡的行為，則可以稱為『正義』。也就是推動『平等、自由、宗教』的行為，可以定義成『正義』。那麼，要具體實現這些正義，需要什麼樣的思想、思維呢？在追求這三種正義的過程中，人類發展出了以下幾種主義。」

（1）為實現「平等的正義」 → 功利主義（應該重視幸福！）
（2）為實現「自由的正義」 → 自由主義（應該重視自由！）
（3）為實現「宗教的正義」 → 直觀主義（應該重視道德！）

「接下來，我會對每種主義進行簡單的說明。首先是追求平等以實現正義的思想，也就是『功利主義』。常有人用『最多數人的最大幸福』這句話來說明功利主義的內涵，簡單來說，就是『計算所有人的幸福度，照著合計數值最大的結果去做！這就是正義！』的思維。」

咦，這根本就是在說千幸嘛。千幸一有什麼事就嚷嚷「幸福值的合計數值」。

我往右一看，果然，那個笨蛋正雙眼發亮，猛點著頭。

「再來是自由主義。這種思想以人的自由為優先，主張『要保護個人的自由！這才是正義！』說簡單點就是『保護大家的自由』，所以是最能引起共鳴、大家最熟悉的一種正義。不過，換一個角度說，自由主義也可以說是『只要不剝奪他人的自由，什麼都可以做』。因此也是這三種正義中最直接了當的一種。」

這完全是在說熱愛自由的自由學姐吧。我不知道聽她說過多少次「又沒有礙到誰，有什麼關係」。

雖然無從得知坐在我後方的自由學姐臉上是什麼表情，但我想她一定正維持著慵懶的坐姿，滿意地點頭吧。

「最後是直觀主義。這個比較抽象，有點難說明，但基本上是『人應該遵循良心，做事要符合道德！這才是正義！』的一種思維。另外，直觀主義認為，正義和道德是可以憑藉直觀……也就是由良心『直接判斷出來的』，不是靠理論或計算得來的。因此，直觀主義者經常拒絕說理，逼別人接受『只要發揮良心，自然就會明白這樣這樣是正確的，所以照這樣去做就對了』這一套想法。」

咦，這不就是倫理一天到晚在做的事嗎。

是喔，原來她是直觀主義者啊。不過倫理不只像老師說的那樣。她還會咄咄逼人地問：

「這樣才是對的，為什麼你會做不到？」

我往左望去，只見倫理眼睛盯著前方，坐得直挺挺的，一副正氣凜然的樣子。看來，她似乎絲毫不覺得直觀主義者的缺點，有在自己身上展現。如果可能的話，我還真希望她聽了老師的話以後，會向我道歉：「老師就是在說我吧？正義同學，我老是強迫你接受我個人的正義觀，真是對不起。」

突然，從我右方飛來一記肘擊，狠狠撞在我的側腹部。

「……唔！」

我痛到叫不出聲，往右一看，出肘擊的凶手千幸正一臉不爽地瞪著我。

嗄？搞什麼啊，妳是要叫我專心上課嗎？我先講清楚喔，上課時對我使出肘擊，絕對不是正義，我的幸福值可是下降了喔！

「我剛剛說明了正義的三種判斷基準，以及實現這三種正義的思想。如果你們身邊有人提起正義、是非之類的話題，不妨試著套用這三種基準，我想應該可以歸類到其中之一。」

老師的這番話讓我恍然大悟。為什麼學生會的這三個人討論事情都不會有交集，總是像平行線一樣。我現在完全明白其中原因了。

我在筆記本上的「正義判斷基準」旁邊，填入她們三人的名字。原來如此，她們是這種關係啊。怪不得這三個人一談到正義總是會相互對立，吵個沒完沒了。因為她們每個人都是用不同基準在判斷正義的。

——總之，昨天的倫理課就是這麼回事。

現在，太陽老早就下山了，我望著學生會室窗外昏暗的天色，悲傷地嘆了口氣。

結果今天也還是這樣啊。我眼前的三人依舊持續著無止盡的爭辯。

爭執的主題從原本的「轉賣炒麵麵包」，不知不覺間已經變成了「轉賣手術權利」，而且現在已經發展到「正義究竟是什麼？」這種抽象問題了。錯了錯了，要談論正義之前，請

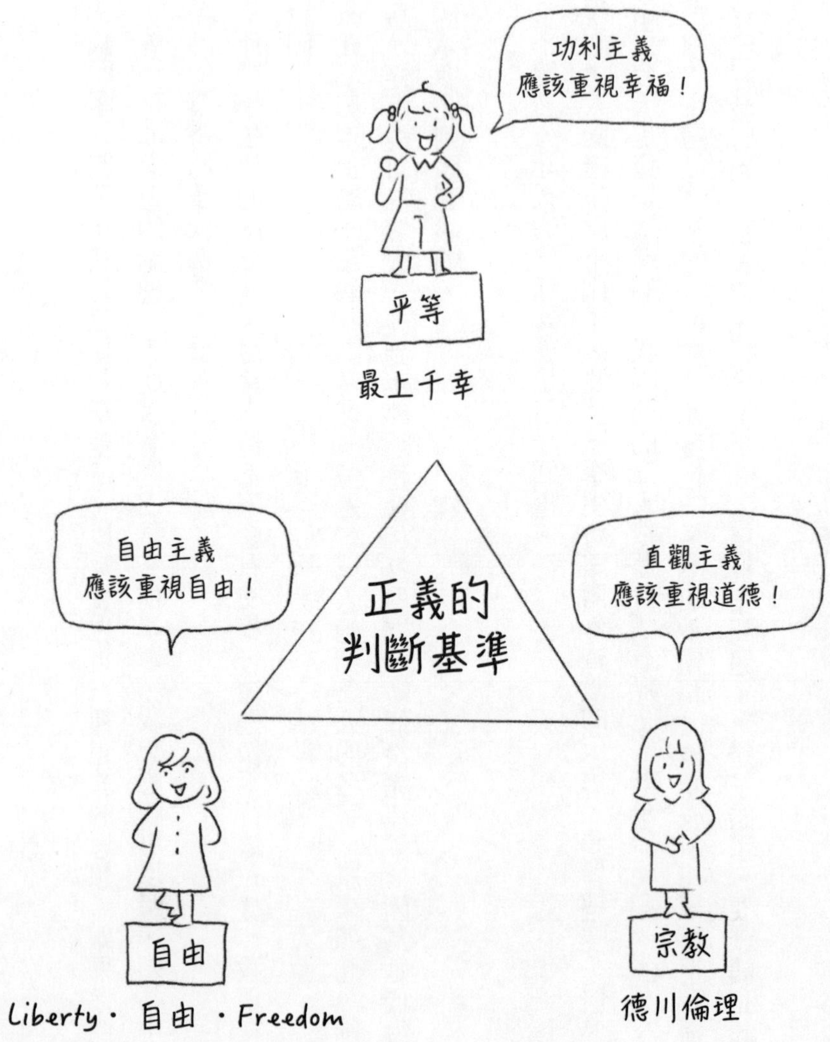
功利主義
應該重視幸福！
平等
最上千幸
自由主義
應該重視自由！
正義的
判斷基準
直觀主義
應該重視道德！
自由
Liberty・自由・Freedom
宗教
德川倫理

先好好遵守放學時間啦。

然而，她們的爭執完全沒有要平息的跡象。

我心不在焉地聽著她們的對話，偷偷拿出了昨天上倫理課時抄的筆記，再次確認裡面的內容。筆記中的構圖清楚顯示：這場爭論不會有結果。

正義有「平等、自由、宗教」三種不同的判斷基準。我眼前這三人對於判斷的基準，也就是「何者才是正確的基準」各有不同看法。因此，不論花多少時間討論，她們都不可能有共識，絕對不會產生彼此都能接受的共識。

「這種情況簡單來說，就是不存在大家都接受的正確答案吧……。關於正義的討論本身，完全是在浪費時間。」我默默地想。

和她們三個不一樣，我認為「正義不過是場面話」，因此不禁有這種覺得事不關己、想冷眼旁觀的想法。

儘管這麼想，下課前風祭老師的最後一番話，卻在我心底徘徊不去。

「如同剛才學生會長說的，所謂正義就是『做正確的事』。可是，什麼才是正確的，這種事會隨時間、地點有所不同。而且，雖然正義的基準可以分成三種，但每個人還是各有各的想法，因此或許很多人會覺得『絕對的正確是不存在的』。確實，這樣想也有道理。

不過……這並不代表，探討『正義』或『正確』是沒有意義的事。甚至可以說，即使這樣，我們還是應該探討『何為正義』、『何為正確』。

這是因為，我們每個人都在尋求『正確』，如果沒有以某種『正確』為基準的話，就無法思考、無法生存。

假設有一個人主張『絕對的正確並不存在』好了。乍看之下，他似乎不相信任何正確，但實際上，他相信『絕對的正確並不存在』這件事是『正確』的。像這樣，我們在主張某件事、思考某件事的時候，就算內容是在質疑『正確』，也必定存在著『認為這種質疑是正確』的態度。

換句話說，無論多麼質疑正確的存在與否，唯獨『認為這種質疑是正確的態度是存在的』這件事是無庸置疑的。這也意味著，我們絕對擺脫不了『正確』這個概念。因為如此，我們不可以對『正確』毫無自覺。我們必須更清楚了解，自己認為什麼是對的、自己認為什麼是正義，也就是更了解『正確的基準』。

所以我們必須探討，

什麼是正義？

正義究竟為何？

你們從今天起上的這門倫理課，就是在學習兩千五百年來，人類是如何思考這個問題的。認真思考這個問題，一定會對你們未來的人生有幫助。為什麼呢？原因就是我剛才說過的，你們是無法擺脫『正確』這個概念的。就算自己沒有察覺，人必定會為了尋求『正確』而活。」

——老師最後是這麼說的。但老實說，我覺得這說法很奸詐。

老師的話簡單來說就是這樣——就算我說：「不不不，我才沒有為了尋求什麼正確而活呢。」老師就會這樣反問：「但你覺得自己現在這樣想是正確的吧？」就算我想提出反駁，例如「沒有，我也並不認為自己是對的」也沒有用。如果這樣說，老師又會再反問回來：「所以你覺得你現在這樣的自我質疑是正確的囉？」

到頭來，不管我說什麼，都會不斷被「所以你覺得你現在是正確的囉？」這句話堵回來，這實在是無敵的辯論方式。就像在玩格鬥遊戲時，有些角色光靠一招就可以把對手吃死。

當然，老師這番話聽起來近乎歪理，未必能讓人接受。

但是……又會有那麼一點「好像還真的有點道理」的感覺。

我的確認為「正義這種東西不過是場面話，其實根本不存在」。但反過來說，會特地這樣想，就是因為我覺得這種想法才是「正確的」。

這樣說的話，我覺得正確的根據又是從何而來呢……？

該不會，我其實也是相信某種正確、某種正義的吧？不，我不認為是這樣。

啊……對了，說到根據……。

我突然想起一件事，回頭望了一下，在一旁看著我們的「那個人」映入了眼簾。學生會室裡除了「我、倫理、自由學姐、千幸」四個人，其實還有一個穿著學生服的人坐在角落一直盯著我們瞧。話說回來，在期限來臨前，我們也必須做出結論，決定這傢伙的存在究竟是正確或不正確才行。想到這件事，心情又鬱悶了起來。

不過，說不定上了風祭老師的倫理課之後，就能找到這個問題的解答了……。

算了，我還是別期待比較好。

學生會成員大概又會吵得不可開交，完全得不出答案吧……。

我轉頭看向窗外。天色已經完全暗了下來，這毫無建設性的爭執卻仍在持續。

到頭來……堅持正義啦、正確啦什麼的，只會製造困擾、帶來痛苦、引發爭執不是嗎？既然這樣，那就把正義當成場面話，然後弄個好看的妥協方案出來，隨便打發掉，不就好了？

這樣才是最和平的。我才剛浮現這個想法，「原來如此，你認為這樣就是正確啊……」風祭老師的聲音就在腦海中迴響。我連忙搖頭將這聲音趕走，並決定放空自己，等待學生會會議趕快結束。

第3章

平等的正義「功利主義」

早晨的走廊還有些寒意。學生們縮著脖子，雀躍輕快地在走廊上來來往往。我則是懶洋洋地邊補眠邊走路。

雖然只是空有頭銜，但我好歹是學生會長。由於這個無論如何不能在上課時打瞌睡的可悲身分，像這樣帶著睡意走路，也成了我重要的例行公事。我的盤算是：趁這個時間先睡一睡，盡量減少上課時打瞌睡的機率。經過一番辛苦嘗試後，我練就了像這樣補眠的功力，旁人看來還覺得我好像在想事情。為了不要被副會長罵，啊不對，是為了維護學生會長的威嚴，我今天也帶著滿滿睡意，緩慢地在走廊上移動……就在此時，突然有人用力扯我的袖子。

「喂，起床嘍！趕快去上倫理課吧！」

一眼就看穿，還興高采烈地打斷我的補眠的，正是千幸。我的呆瓜青梅竹馬兼萬惡的根源。

「搞什麼，是妳這呆瓜啊……」

「嗄？呆瓜？」

啊……完了。我一不小心就脫口說出在心裡對她的稱呼。慘了。我連忙驅走睡意，努力思索該如何圓過去。

「啊，千幸。我不是要講呆瓜啦，不小心說錯了一個字……」

「你啊，是要講呆毛青梅竹馬對吧？連這都會說錯，振作點好嗎！」

從小學認識到現在的交情果然沒話說。我的話只說了一半，她就知道我想說什麼。不過妳這傢伙啊，被叫呆毛青梅竹馬就無所謂嗎？

所謂呆毛，指的是頭上好像觸角一樣翹起來的頭髮，是動漫角色常見的特徵。這原本是美容業界的用語，但由於許多動漫中的萌角都有呆毛，因此現在已經成了一種知名的萌屬性。

不過，就像現實中很少有人會覺得自己的姐姐或妹妹很萌一樣，現實中的呆毛看了只會讓人難過，完全沒有萌的感覺。

「我早上已經好好整理過啦。」千幸邊這麼說，邊用手梳理自己的頭髮好幾次，但呆毛好像裝有鐵絲般，手梳過去以後便又頑強地翹了起來。千幸又重複這個無意義的舉動大約五次之後，說了聲「好了！」對我投以微笑，可是根本沒有任何改變。

「還是我叫妳毛呆青梅竹馬好了。」

「幹嘛講顛倒啦！」

我就這樣和千幸走在一起，一面聊著沒營養的話題。千幸硬是將她那頭亂翹的呆毛綁成雙馬尾，但走路時馬尾就像裝了彈簧一樣，毫無規律地跳來晃去。這時，我突然想起千幸的信條就是「平等的正義」。該不會千幸的雙馬尾，就是在藉由這天秤般的髮型，來表現她的信條——平等的正義？

我邊想這件事，目光邊隨著她晃來晃去的馬尾移動。不知道是不是察覺了我的視線，千幸的雙手突然分別抓住兩邊的馬尾，讓晃動停了下來。然後她將雙手往前一伸，做出像是要把雙馬尾秀給別人看的動作。

「正義你喜歡雙馬尾對吧？」

看來像是在秀給我看。不，等一下，我什麼時候說過我喜歡雙馬尾了？我把從小學至今發生過的事，像走馬燈一樣快速回顧了一遍。

……啊，我想起來了，小時候我常看的英雄節目裡有一個雙馬尾的角色，我好像說過喜歡那個髮型。那個角色是和英雄搭檔的女生……有一招叫雙馬尾機關槍的必殺技超酷的……沒錯，我那時候很喜歡她。……咦？等一下喔。這樣說來，千幸是特地將頭髮綁成我喜歡的角色的髮型嘍。那豈不是代表……？不不不，先冷靜點。

現在的狀況是，我說了「喜歡雙馬尾」之後，和我同年紀的女生就每天綁著雙馬尾來上學。老實說，感覺真不賴。

「嘿嘿。」

千幸看起來心情不錯，又有點害羞似地，抓著馬尾對我微笑。太奇怪了。今天之前一直讓我毫無感覺的雙馬尾，現在居然看起來很可愛。我連忙轉移話題。

「妳倒是一大早心情就很好嘛？」

「嗯？喔，當然是因為很期待倫理課啊。」

嗄？期待上課？她什麼時候變成這種學生了？

「你想想看，可以學到關於正義的知識耶。身為學生會成員，這不是非常好的學習嗎？倒是你，為什麼那麼提不起勁呢？」

「正義這種事，怎麼可能有答案啊。」

「咦？」

雖然不是有意的，但我的聲音聽起來比補眠被打斷時更加低沉不悅。

「上了倫理課，也不會有任何意義。」

我正在等千幸用力吐槽我「才沒那種事呢」，但出乎意料，她的聲音聽來十分失落。

「你為什麼會變成這樣呢……？正義，你以前不是這樣的，所以我才……」

就在此時，上課鐘聲響起，蓋過了她的話。我們走進教室，兩人間有一股尷尬的氣氛，就這樣沉默地坐到了第一排。

副會長倫理已經坐在座位上了。這次的座位順序和上次一樣，也是倫理在我左邊，千幸在我右邊。不，是我多心了嗎？總覺得千幸好像把位子挪得離我更近了些……。

教室還是一樣，人稀稀落落的。風祭老師來了之後便開始上課。

「上次上課時，提到了正義有『平等、自由、宗教』三種判斷基準。今天則要就這裡面的『平等』進行更詳細的說明。

聽到『平等就是正義』這句話……你們會怎麼想呢？我想或許也有不少人覺得，未必所有事情都一定得要求平等，但總之我們應該可以說，除非有什麼特別的理由，『平等是比不平等好的』。

請大家想像一下。如果大多數人都生活貧困，得為三餐溫飽煩惱，但卻有少部分人靠著特權不用工作，憑藉壓榨他人得來的財富，享受衣食無缺的生活。你們應該都會覺得這種狀況是『不平等而且不好的事』，也會認為如果可以的話，應該要改善。

換句話說，只要牽涉到『特權』、『壓榨』、『歧視』等，任何『不當地不平等對待他人的行為』，我們基本上會認為是不好的事。

可是問題來了。雖然平等比不平等好，我們卻得面對『平等的標準是什麼？』這個難題。例如，大家在搬東西的時候，如果要求受傷或生病的人也要搬相同重量的東西，這絕對不是平等，也不正確。我想你們也不會認為，對於努力工作的人和摸魚打混、什麼都不做的人支付一樣的報酬，會是正確的事吧。以上這兩個例子可以證明，單純的『平均分配』未必是平等的。無視每個人之間的差異、個人努力及才華，全部一律打為平等的行為，叫作『假平等』，一般也會將這視為惡。

那麼，該怎麼做才能達成考量到個體間差異的『真平等』呢？學生會長正義同學。」

「啊，有。」

「你在學校裡想要盡可能平等決定某件事的時候，會怎麼做呢？」

「嗯，這個嘛……大概是採多數決吧。」

突然被問到這個問題，又是要用平等的方式做決定，我自然而然就想到這個答案了，並沒有想太多。我更想問的是，難道我以後都得像這樣在上課時一直回答問題嗎？我真的不想再坐在最前面了……。

這時，我聽到隔壁的人從鼻子發出「哼」的一聲，很明顯地表示出不屑。這個人當然是千幸。我反射性地往右一看，沒想到千幸的臉靠得我比想像的還近，於是連忙將頭轉回正面。

「隔壁的女同學似乎對剛才的回答不太滿意呢。」老師笑著說。

「是的！我認為用多數決做決定一點也不平等！」

「喔，這是為什麼呢？」老師希望千幸繼續說下去。

千幸站了起來。

「多數決感覺起來好像是尊重大家的意見，平等決定事情的方法，但其實卻正當化了『多數派對少數派的不當暴力』，是一種不平等的做法。舉例來說，假使學校裡剛好男生過半，通過多數決，做出了『應該將女生當成奴隸使喚』的決議。明明絕對不是『正確的事』，卻在多數決的制度下，成了『正確的事』。換句話說，從結論來看，多數決會造成多數派為了自身利益而不當打壓少數派，可以說是一種有缺陷的決策方式。欸，你同意吧？」

最後那句「欸，你同意吧？」是朝著我說的。嗯，我了解她想表達的，而且實際上也認同她的話。雖然被千幸駁倒，讓我覺得很不甘心。

不對喔，先等等！仔細想想，我之所以被迫擔任班長，不就是千幸煽動的不當多數決害的嗎？這才真的是多數暴力。身為主謀的妳在那邊高談闊論多數決的缺陷，根本是在打自己的臉，讓人無法接受！

雖然我很這樣拆她的台，但接下來可能會輪到坐左邊的倫理質問我：「所以你其實也不想當學生會長嘍？」所以還是算了。

「這位女同學說的基本上沒錯，採用多數派的意見未必就是正義。多數派有可能做出極為殘酷、不當而愚昧的選擇。這的確是多數決的問題。

可是那又該怎麼辦呢？該怎麼做才能真正平等地做出決定呢？單純的均等分配不行，多數決也不行。因此人類發明了『功利主義』這種新的思維。」

千幸的臉亮了起來，一副「我等好久了」的樣子。然後大概是因為滿意了，便乖乖坐了下來。

「所謂功利主義，是認為『一件事是否正確，取決於功利』的思維。因為日常生活中不太常用到功利這個詞，你們可能會有些摸不著頭緒。功利這個詞的意思原本是效能或有用處，如果代換成『幸福』這個常見的詞，大家會比較好懂。

換句話說，功利主義就是幸福主義……可以理解成『一件事是否正確，取決於幸福量的多寡』。

不過，在以上說明中，我希望大家特別留意一點，那就是幸福的『量』。這一點非常重要，如果無視『量』的概念，單純只以獲得幸福的『人數』當作正確與否的基準，那就變得和多數決沒兩樣了。」

那是當然的。假設通過一項法律會使一千人受惠，卻讓一百人遭逢不幸。若因為獲得幸福的人數較多，就決定實行的話，豈不是和多數決一樣。

「所以功利主義要探討的問題並非『獲得幸福的人數』，而是『幸福量的多寡』。」

「啊，我知道、我知道！就是計算幸福值，做出合計數值大的選擇，這就代表正義對吧？」

千幸突然舉手打斷了老師的說明。喂，突然在那邊講什麼幸福值的，老師應該聽不懂妳自創的名詞吧？

「幸福值……？是衡量幸福度的指標嗎？原來如此，這樣講說不定比較好懂呢。」

老師不但聽得懂，竟然還接受了……。

「有一句名言可以代表功利主義的理念，那就是『最多數人的最大幸福』。如同字面上的意義，這句話意味著『為最多人創造最大總量幸福的行動』。功利主義者認為，遵循這項理念，做出能讓所有人的幸福度總量，也就是幸福值的最大合計數值的選擇，就是正義。

請大家想像一個狀況。在A、B、C三個人面前，只有一個飯糰。A因為遭逢車禍之類的意外，餓著肚子什麼都沒吃，現在快死了，而B和C肚子幾乎是飽的。在這種狀況下，這個飯糰該怎麼分才算是『平等』呢？

倘若我們單純地平均分配，很明顯，就無法達到真正的平等。那三個人一起討論，或用多數決的方式決定就是正確答案嗎？不，如果B和C過分貪心的話，他們恐怕會堅持要平均分配。畢竟這是大家的飯糰，所以他們可能會要求拿到均分後屬於自己的那一份。但B和C都幾乎吃飽了，也許只會吃個一口，剩下的都扔進垃圾桶。

這個時候，『正確』的答案當然是『多分一些給餓肚子的A』。那麼，要怎樣思考才能得出這個正確答案呢？正義同學。」

「呃，應該是用能讓這三個人的幸福值……幸福度總量最大的方式來分飯糰吧。」

「沒錯。」

「答對了。」

老師點頭稱許我的回答是理所當然的，可是連隔壁的千幸也在附和可就讓人火大了。不過我還是決定表現成熟點，對她視而不見。

更討厭的是，不知道是不是因為平常聽多了，我竟然也不小心用上了幸福值這個詞，真是丟臉。

「那我們就來實際計算看看每種情境下的幸福度總量。首先是平均分配飯糰……幸福度的總量假設是這樣好了。」

老師面對黑板振筆疾書。

「就像你們看到的，合計是五十分。A因為肚子很餓，所以幸福度明顯上升；但B、C

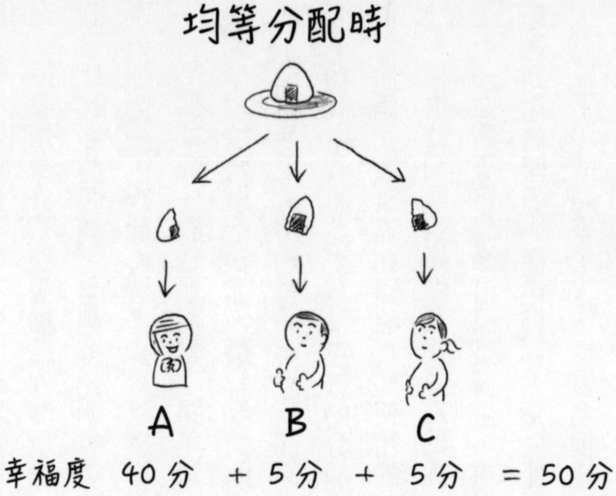
均等分配時
A
B
C
幸福度 40分 + 5分 + 5分 = 50分

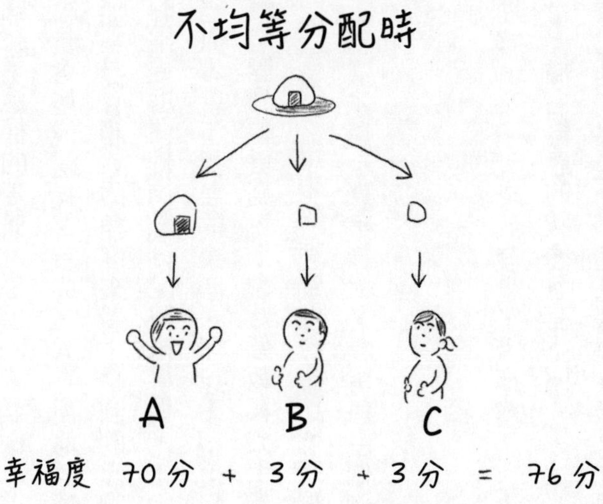
不均等分配時
A
B
C
幸福度 70分 + 3分 + 3分 = 76分

已經飽了，因此上升不多。最後呈現出來的數值就有了這樣的差異。

接著是多分一些飯糰給A的情境，幸福度的總量會變成這樣。首先，A在飢餓狀態下得到了比較多的飯糰，幸福度比均等分配時更為增加。從B和C的角度來看，拿到的沒辦法像原來那麼多，因此心情多少會受影響，這兩個人的幸福度便較均等分配時來得低。

話雖如此，對他們而言，這不過是失去了自己原本就不需要的東西，所以幸福度只有些微減少。綜合以上敘述，最終全體的幸福度總量較均等分配更高……合計分數有七十六分。

換句話說，不均等的分配方式考量了個體間的差異，帶來的幸福度總量比均等分配更大，功利主義將此視為『正確的分配方式』，並認為這才是『真平等』。我再舉一個例子好了。你們知道實際在醫療現場使用的檢傷分類嗎？」

檢傷分類？我好像有在哪裡聽過，是什麼咧。

「你們不妨想像自己是醫生，這樣會比較好理解。某一天突然發生了大地震，有大量傷患送到你們面前。從擦傷到大量失血導致心肺停止，每名傷患的狀態各有不同。

好了，問題來了。該從哪名傷患開始依序治療呢？如果是你們的話會怎麼做？如果只是擦傷的話，放著先不處理也不會有問題，這類傷患當然會被排到後面。那重傷的人呢？當然，不馬上進行急救就會死的人，應該比其他人優先得到治療。

然而，如果送來的是傷勢嚴重到即使接受治療也救不回一命的重傷者，或是需要動用大批醫師、醫療品進行治療的重傷者，該怎麼做呢？

醫療現場會將這類傷患的優先順序往後調，選擇不進行治療，或是先救助其他傷患。」

原來如此。在這種狀況下，醫師人數、可輸血的血液量、繃帶數量絕對都會不夠，與其分配在存活機率不高的傷患身上，倒不如用來救助更多人，這是理所當然的判斷。

「像這樣根據傷患負傷程度決定治療的優先順序，叫作檢傷分類，現實生活中的醫療現場也會這樣做。而檢傷分類是源自法文的Triage這個字，意思是『挑選』。正如這個字原本的意思，在遭逢難以救治所有人的情況時，將等待接受治療的人排出優先順序，進行『挑選』。說難聽點，就是『拋棄』那些救不活的人。

那麼我現在要問你們了。身為一個人，檢傷分類究竟是不是正確的行為呢？

至少，以功利主義的角度來思考，是完全正確的。原因在於，比起平均治療所有人，或單純只依傷重程度決定治療順序，這種經過『挑選』再進行治療的方式，可以確實提升大家幸福度的總量。正義同學，你對災害現場的這種功利主義思維有何看法呢？」

「呃……這算正確，或是說最妥當的做法吧。如果平均救助所有人，結果使得本來有機會救活的人死掉了，增加更多罹難者的話，不就本末倒置，得不償失了嗎……？」

「也就是說，功利主義是正確的嘍？」

「……嗯，是的。」千幸擅自打斷了我的發言。

雖然我有點不爽，但就這件事而言，我也沒有打算反駁。畢竟，如果有更好的方法，醫療界應該早就已經採用了，可見檢傷分類這種「挑選」是目前最理想的方法了。

或許是對我沒有提出異議感到開心，千幸露出了微笑，一副滿足的模樣。

但這時我發現，老師像是瞪著千幸般地望著她。千幸似乎因為心裡飄飄然的而沒有察覺，不過我從老師的視線感覺到，他對服膺平等的正義、功利主義的千幸有種近似敵意的態度。

就在這時，坐在我左方的倫理發聲了。

「我不認為功利主義是對的。增加幸福度總量的行為就是正義，這種論點究竟有何根據？而且，我認為正確的事或是正義，都不能那樣計算。」

倫理站起來這麼說道。

「嗄？」

面對倫理的質疑，千幸明顯表現出不爽，教室裡的氣氛頓時肅殺起來。喂喂喂，妳們打算把學生會室的那套戲碼搬來這裡上演嗎？

風祭老師接話了。「的確，只聽功利主義的論述，會覺得這套思想很有道理。可是，單純靠計算幸福度，真的就能實現正義嗎？其實，這樣的疑問，過去就曾出現過。不過，在談這個問題之前，我們先來看看功利主義的創始者是個什麼樣的人，幫助大家進一步了解這門思想。」

功利主義的創始者——邊沁

老師轉過身，在黑板上寫下一個名字。由於話題改變了，倫理便若無其事地坐回位子上。沒錯沒錯，老師你這樣做就對了。我就是靠這個方法，度過了一次又一次的危機喔。

「功利主義的創始者名叫邊沁，是活躍於十八世紀後期至十九世紀前期的英國哲學家，同時也是法學家。當時的英國法律內容十分隨便且曖昧，他對此感到難以容忍。不過，或許不只是英國，無論哪個國家的法律，原本都是曖昧的。即便到了今日，日本的六法全書中明文記載了日本的法律，但每名律師都還是能針對同樣的條文，提出不同的見解和解釋對吧？」

啊，這我非常明白。小時候我一直以為，法律規定是非常瑣碎且強硬的，沒有讓人做出不同解釋的空間。但某天，我看了一個以法律為題材的節目後，就大大改觀了。

那個節目會請好幾名律師當來賓，判斷某個案件是違法或合法，結果大家的回答完全不一致。那時我才發現，原來法律可以這麼曖昧，可以讓人各自詮釋。老實說，我受了不小的打擊。

「當時的英國司法界會隨時代、民情及個人的解釋，對法律條文做出不同定義，身為法學家的邊沁對此無法容忍，於是尋思法律的確切依據為何。也就是，法律之所以為法律，憑藉的是什麼？換句話說，邊沁提出了一個問題：我們在什麼時候，可以確定法律是正確的？

我認為這個問題問得非常好。因為基本上我們都會認為法律是正確的，並且認為守法是理所當然的。但正因為邊沁是法學家，所以才不受限於社會常識的約束。

某天，邊沁在一家兼營租書的小咖啡店租了一本書。這本書有這麼一段話和剛才說明的功利主義有關：

『每個國家在決定所有關係到國家的事務時，都應該以多數國民的利益與幸福為基準。』

這短短的一句話，改變了邊沁的人生。

根據他的回憶錄描述，他在看到這段話的瞬間，由於太過感動，不禁喊出：『尤里卡！』也就是希臘文的『我發現了！』不過他是沒有像阿基米德那樣光著身子跑來跑去啦。」

老師說完後，用手遮住嘴，吃吃地笑了起來。他似乎被自己的話戳中了笑點。

「總之，邊沁因為這段話理解了『最多數人的最大幸福』這個概念，並發現可以將這做為判斷法律是否正確的基準。只要套用功利主義的這個概念來檢驗，便能釐清每條法律的正當性。

例如，有個人殺了人被逮捕，並根據法律判處無期徒刑。這時候我們通常會覺得，因為他做了壞事，所以要坐牢贖罪。但以功利主義的觀點來看，理由則完全不同。這個人應該進監獄，單純只是因為：任憑他在外遊蕩所導致的不幸的量——例如有人被殺害，或附近居民感到不安而產生的不幸——這些不幸的總量，會比『把他關起來所造成的不幸的量』來得高。

換句話說，就是把他關進監獄，可以提升社會整體的幸福度。法律之所以能將一個人關起來的根據便在於此。法律的目的原本就是『增加社會整體的幸福量』或『減少不幸的量』。能達到目的的法律，才稱得上正確的法律。若套用功利主義的思維，就能像這樣一一釐清每部法律的根據。喔？正義同學，剛才這些話你似乎有些不明白？」

「嗄！」

我只是心裡閃過一個想法，所以沉思了片刻，結果老師就敏銳地察覺到了。完了，這下子連要悠哉想事情都做不到了。

「呃，不是。我明白老師剛才說的，也覺得有道理。只是想到了別的事。應該說，我是能理解功利主義還有最多數人的最大幸福是怎麼一回事，但我不明白這和平等的正義有什麼關係。」

「嗄？為什麼？沒有比這更公平的吧？」插話的又是千幸。

「不，問得好。我猜正義同學想說的應該是：用最多數人的最大幸福做為判斷正確與否的基準，講難聽點就是『可憐的人可以多拿一些』，某方面而言，會讓人覺得是給予弱者優惠的制度。但若強調這一點，不是反而離平等的概念愈來愈遠了嗎？」

不愧是老師。我原本還在思索該如何清楚表達自己的意思，但老師準確無比地說中了我的想法，我只能猛點頭。

「歸根究柢，功利主義為什麼會被當作最能體現平等之正義的公平思維？我引用一句邊沁關於功利主義的論述，你們應該就很容易明白了。

『每個人的分量都相同。』

大家覺得如何呢？功利主義的關鍵在於計算幸福及不幸的量，提升其合計值，此時最重要的關鍵，就是這句話。

也就是說，不論國王、貴族、平民或奴隸，一個人就是一個人，幸福或不幸的量都同等看待。不會因為是國王，就有『手斷了所承受的不幸可以抵過一百名奴隸的不幸』這種不平等的換算。

所以，若只能選擇折斷國王的手臂，或兩名奴隸的手臂，相信功利主義者會很樂意折斷國王的手臂。因為不論國王或奴隸，每個人的分量都是一樣的。從他身處的十八世紀來看，這可說是極為平等且創新的思維。」

我記得，十八世紀是個奴隸貿易還被視為稀鬆平常的時代，那時候日本應該是黑船到來之前的江戶時代吧……哇，那不就是還有幕府將軍的時代嗎？如果在當時就有一種思想，將武士、將軍、農民、一般百姓都視為相同個體計算幸福的量，不特別偏重任何人，那這想法還真是先進到不可思議。這樣想來，邊沁是個非常了不起的人呢。就這層意義而言，的確沒有比功利主義更平等的思想。

「但另一方面，我們也不能忘記邊沁的瘋狂……過度偏執功利主義的人表現出的瘋狂。」

瘋狂？這話說得頗重耶。

「首先大家要知道，功利主義並不是邊沁發明的。我剛才提過，功利主義根本的構想是來自別人的著作。而『最多數人的最大幸福』這句名言，其實也是從一名叫貝卡里亞的義大利人的書中拿來用的。」

咦，是這樣啊。剛才聽課時我一直以為邊沁就是發明功利主義的人，沒想到他其實是借用別人的思想啊。

「但實際上只要提到功利主義的創始者，一定少不了邊沁的名字。為什麼呢？因為邊沁可說是貫徹功利主義到幾乎瘋狂的地步。我希望你們記住，在歷史上留名的偉大哲學家、思想家，並不單純是『最早提出某項見解的人』。畢竟人類的歷史如此漫長，不論是多麼劃時代的思想，都不免已經有人先想到了。但是否能因此在歷史上留名，則要看這個人對這項思想有多熱衷，投注了多少心力，奉獻了多少人生在其中。」

這讓我想到千幸。千幸平時就主張提升幸福值的行為才是正義，想法明顯偏向功利主義。我並不覺得千幸是偉人，但也不禁好奇，邊沁是不是也像這樣，有事沒事向周圍的人宣揚幸福度的總量什麼的。

「基本上很多哲學家都是怪人，邊沁也相當古怪。他把自己關在有廣大庭院的宅邸中，幾乎不與人見面，過著囚犯般的生活。他提倡功利主義，以及最多數人的最大幸福這種概念，可能讓很多人都以為他是個會為了讓更多人幸福，因此積極與人接觸的行動派人士，但事實並非如此。邊沁終生未婚，總是獨自默默思考功利主義的概念，據說他想到了什麼點子時，就會寫成便條貼在家中窗簾上。」

呃啊，我腦中浮現了偏執的阿宅一邊碎碎念，一邊把偶像的照片貼滿整面牆，自得自滿的畫面。剛才的偉人形象全都消失無蹤了。

「那麼，我現在想問你們一個問題。功利主義主張，增加幸福的量才是正義，但這個量是怎麼算出來的？說到底，真的有辦法計算嗎？」

我也有相同的疑問。我們常因為某句話是歷史偉人說的就照單全收，但說到底，幸福度這個東西，真的有辦法輕易計算出來嗎？

「我就直說吧，答案是不能。嗯，或者可以說：不可能有辦法。幸福的定義不僅曖昧，也因人而異。一般人大概都會覺得，這種事情怎麼有辦法測量，更不用說換算成客觀的數字了。但邊沁並不這樣想。

他認為這是做得到的，並異常關注『測量幸福度』這項不可能的任務，甚至可說是為此奉獻了自己的人生。

邊沁首先給出了『幸福就是快樂』這個獨特的定義。換句話說，在他的定義中，幸福就是『快樂增加』，不幸就是『快樂減少』。另外，若將『快樂』代換成相反的『痛苦』，公式也同樣能成立。幸福就是『痛苦減少』，不幸就是『痛苦增加』。」

老師這麼說道，在黑板上寫下了邊沁所定義的幸福。

幸福 ↓ 快樂增加 或 痛苦減少

不幸 ↓ 快樂減少 或 痛苦增加

「邊沁為什麼會這樣想呢？這與他對人的看法有很大關係。他在著作《道德與立法原則概論》中曾這麼說：

『支配人類的東西有兩樣，那就是快樂和痛苦。決定我們行為的，其實就只有這兩樣東西。』

大家怎麼看呢？這樣的主張雖然感覺相當極端，但也算直接道破了真理吧？

你們可能覺得，哲學家都喜歡用艱澀的名詞講些沒人聽得懂的深奧道理，但實際上剛好相反。真正厲害的哲學家，能夠像這樣以簡單的角度，理解事物到極端的地步，並大膽提出簡單的理論。」

原來如此。邊沁想表達的，就是「人類活著不過是為了得到快樂、遠離痛苦」。這番話確實極端了些，但比起費力解釋「什麼是幸福」，像這樣直接了當，還讓人覺得痛快些。

「邊沁將曖昧的『幸福』代換為具體的『快樂』，讓幸福成了方便探討的客觀對象，後來他還徹底分析了快樂的種類及性質，以建立計算『快樂』多寡的公式。我這邊就不介紹細節了，不過邊沁在他的著作中曾提到：『快樂可分為十四種，若要計算快樂，必須考量構成快樂的七個要素。』他似乎真的認為計算快樂是有可能的。對了，據說邊沁還曾經考慮發明『快樂測量器』喔。」

快樂測量器……？以現代科技來說，要把電極插進腦中進行探查，似乎也不是不可能，但邊沁在那個時代就已經想到了？雖然那個景象應該是很不人道，讓人看不下去吧……。

但我可以感受到邊沁有多執著。功利主義說簡單點，原本只是主張「做出能讓大家都幸福的選擇」，基本上應該每個人都會贊同。但另一方面，大家仍然不免會認為「每個人對於幸福的定義不同，幸福度的總量還是太難測量」，最終只能走入死胡同。

然而，邊沁並沒有放棄他所相信的，反而大膽提出「幸福就是快樂」，並持續研究如何將快樂量化，試圖完全實現功利主義。面對一般人通常會放棄的狀況，邊沁試圖以極端的思考方式尋求突破，將抽象的幸福代換為生理上的快樂，這份執著與熱情還是令人欽佩的。

「老師……」

我原本不是會在上課時發問的人，但思考功利主義時，有件事令我耿耿於懷，因此忍不住舉了手。老師比了個「請說」的手勢，於是我站起身，提出剛才靈光一閃想到的問題。

「那個……邊沁所說的快樂，簡單來說是指生理上的快感吧？」

「沒錯，邊沁列舉的快樂的種類中，雖然也有心理層面的，但以現代人的觀點來看，那些最終還是會回歸到生理上的大腦感知到的快樂，所以要那樣解釋也是通的。」

「這樣的話……如果生理上的快感就是幸福，那藉由毒品獲得的快樂也算幸福嗎？」

「喔！正義同學，你問得太好了。」

老師在他一根毛都沒有的光頭上用雙手做出彷彿在搔頭的動作，一臉感觸良多的樣子。

「這個討論的前提是，如果按照邊沁留下的快樂計算公式，吸食毒品並不算幸福。因為毒品帶來的快樂不過是暫時性的，不會持續，而且之後一定會伴隨成癮、副作用等巨大的痛苦。換句話說，假設毒品帶來的快樂是正一百，但副作用帶來的痛苦是負兩百……兩者相抵後的幸福度是負的，別說幸福了，結果根本是不幸。因此，雖然毒品能帶來短暫的快樂，但從功利主義的立場來看，反而會導致不幸，可說是碰不得的壞東西。」

「……但，如果毒品沒有副作用的話……」

「嗯，這個問題問得更好。如果是那樣，毒品只會增加快樂，完全不會產生痛苦，就功利主義而言，就完全沒有問題。不，甚至可以說，我們應該積極開發沒有副作用的毒品並發給大家，才算得上是正義。若拿這個問題問邊沁的話，想必他會這樣回答吧。證據就是，或許是出於相同理由，他曾經試圖開發沒有副作用的毒品，還去研究人吸了會感到幸福、陶醉的笑氣。」

「……」

「嗯？怎麼了，正義同學？」

「……我只是覺得，做到開發毒品這個地步，也未免太過頭了。」

「你為什麼會這樣想呢？」

「呃，因為毒品是不好的……」

「不好的是現在的『有副作用的毒品』吧？我們剛才討論的是『沒有副作用的毒品』。如果『毒品』這個詞讓你覺得抗拒，會產生負面觀感的話，換個名字也可以。對了，不然叫快樂丸如何？」

不對不對，這個名字也沒有好到哪裡去喔，老師。

「可是……就算有那種東西，萬一人類生存的意義，人生的目的，最後就只是追求快感的話，那樣也不好吧？」

「哪裡不好呢？」

「呃……」

「不好意思，我不該那樣刁難你。正義同學提出的問題是，如果獲得快樂這件事變成了人生的一切，豈不是很不健康嗎？但其實『快樂丸』早已充斥在我們的日常生活中了，只是我們沒有察覺而已。例如，酒、菸、咖啡。另外還有音樂、電玩、電影、旅行、兜風、購物，這些不也是一種『快樂丸』嗎？」

我有種恍然大悟的感覺。大人為什麼愛喝酒？肯定是從中獲得的快感大於痛苦。這樣說來，酒也可以算是名符其實的快樂丸了。還有電玩、電影、旅行等娛樂活動。人類工作、存錢的目的是什麼？到頭來終究是為了這些娛樂……也就是，為了獲得快樂。

「將你們為了生存所必須花費的時間——也就是睡眠、念書、工作的時間——扣除之後剩下的自由時間，正可謂是自己可以隨意運用的『人生的時間』，這些時間你們實際上都用來做什麼呢？或是說，想用來換取什麼呢？說穿了也還是名為娛樂的快樂丸。難道不是用來獲得快樂、想用在換取快樂上嗎？那麼，像這樣尋求快樂丸，能說是不對嗎？你怎麼想，正義同學？」

「我也常打電動，所以能理解，也不會覺得這樣不對。但是，嗯，對於藉由藥物勉強獲得快樂，總有些排斥。」

「原來如此，我很了解你的感覺。但那種排斥不過是社會或文化層面的，有可能隨著時代的價值觀改變而變化。你想想看，現在大家搭電車時不是都會滑手機嗎？大約十年前，智慧型手機剛問世的時候，還有人覺得，在電車裡滑手機這個行為讓他『不舒服』、『看不下去』。可是現在，滑手機現在已經變成再自然不過的事了，沒有人對此反感。」

接著，老師用似乎有點不爽的口吻喃喃自語道：「反正只要大家都在做，那種看不下去的感覺，一下就會消失了。」

我想了想，確實如此。在晚上的都市鬧區看到喝醉的人，我也不會覺得怎樣，至少我不認為這是不正常。為什麼呢？因為喝酒這件事很普通。

但如果我是在每個人都滴酒不沾的國家長大的，某天突然全國都開了酒館，年輕人紛紛跑去喝酒的話，或許我也會覺得那就像鴉片館一樣討厭吧。只是因為今時今日的我內心感到抗拒，就馬上認定某件事不好，這樣或許是錯的……所以，應該像功利主義那樣，用幸福的程度來客觀判斷善惡嗎？

不，可是……即便如此……

就算未來的哪天，科技比現在更進步，生活所必須的各種麻煩事都有AI或機器人幫忙打理，人類只需要吃沒有副作用的藥讓大腦產生快樂就好……我還是覺得這樣的人生很奇怪，讓人不寒而慄。

但如果我要對此感到不寒而慄，是不是代表我也應該對自己平常在做的事——花大把時間打電玩、滑手機、看電視等娛樂行為感到害怕呢？

「最後，再跟你們分享一則邊沁的趣事吧。為促進醫學發展，他十分鼓勵遺體解剖。遺體解剖在現代或許是稀鬆平常，但當時可不一樣。解剖遺體在那時候是對一個人最大的侮辱。

因為當時大家信奉基督教，基督教中有所謂的『最後的審判』，人們相信當世界末日來臨之際，人的肉體會依死去時的狀態復活。所以死後肢解、切開自己的遺體，根本是無法被人接受的事。實際上，遺體解剖還曾經是比絞刑更加嚴厲的一種死刑手段。

在這樣的時代背景中，邊沁突然向民眾主張，為了醫學發展，大家應該在死後捐出自己的遺體。這在當時引起了極大爭議。時至今日，我想你們之中應該也有人難以接受自己的親人、戀人被解剖吧。

然而，邊沁完全無視民眾內心的排斥及當時的價值觀，一個勁地宣揚功利主義的思想。如果按照功利主義，也就是邊沁的快樂計算公式來看，遺體解剖一點問題也沒有。因為人死了，就代表大腦已經停止運作，快樂、痛苦都感覺不到。既然如此，那不管對遺體做什麼，幸福度都不會有所增減。

當然，對家屬而言，解剖遺體或許會造成精神上的痛苦，幸福值會下降。不過，如果醫學因解剖得以大大進步的話，就有助於消除現在還活著的病患的痛苦，那麼人體的總幸福值會大大增加。換句話說，即使把家屬的精神痛苦算進去，總體幸福值還是正的。最後結論就是，遺體解剖是能夠創造大量幸福的行為，所以是符合正義的。」

道理我是明白，但要說這是正義的話，可就有點怪怪的了。

在這樣的前提下，難道不願意提供遺體的家屬就會成為「把個人微小的快樂看得比大家的痛苦更重要的壞人」？我對此難以認同。

話說回來，萬一今天是我自己或家人不立刻接受器官移植就會死，又剛好有可以提供器官、幾乎沒有損傷的新鮮遺體的話……我應該也會覺得：「遺體就捐出來吧！有什麼關係？人都已經死了不是嗎！」

但是，我難道就能夠以正義之名強迫他人就範嗎？啊……我愈來愈搞不懂究竟怎樣才是對的了。

「這裡我也要順便告訴大家，邊沁自己也實踐了遺體解剖的主張，在死後捐出遺體，公開解剖給學生看。」

真的假的？原來他不只是提倡理論，還說到做到，邊沁也太猛了吧。我到現在才終於明白，為何邊沁會被稱為功利主義的創始者。

「而且故事還沒完，邊沁的遺體後來被做成木乃伊保存下來，直到現在都還在哦。」

嗄？

「邊沁生前曾思考，要怎麼做才能最有效利用自己的遺體，來提升大家的幸福度。最後他想到，要將自己的遺體放在大家都看得到的地方，做為功利主義的象徵。實際上，晚年的邊沁好像著了魔一樣，不知道從哪裡弄來許多屍體，在自己家裡進行乾燥、木乃伊化的實驗。邊沁還將這個要求寫進了遺書，於是在他死後，遺體不僅進行公開解剖，還真的被製作成木乃伊。現在，倫敦大學仍將邊沁的木乃伊展示在每個人都看得到的地方。如果大家有興趣的話，也不用去倫敦大學，只要在網路上搜尋『邊沁 遺體』，就能看到他的木乃伊坐在椅子上的樣子。不過他的頭已經被拿下來了，臉是另外做上去的。真正的頭，直到不久前都還是像斬首示眾一樣，放置在他的腳邊，但目前受到妥善保管了。據說倫敦大學內部如果要召開決定重大事項的會議，還會將邊沁的遺體搬過來『與會』，並在會議紀錄記載邊沁有出席。

就像這樣，邊沁貫徹了功利主義，連自己的遺體都依照功利主義的方式處理……正義同學，你聽了之後有什麼感想呢？」

「這個嘛……老實說，我嚇到了。我原本覺得功利主義本身並沒有問題，但貫徹到這種地步的話，似乎就有點瘋狂了。如果邊沁活在科學發達的現代，我想他一定會提出更離譜的主張吧……」

「可是功利主義的想法並沒有錯吧！或應該說，沒有比這更正確的想法了！」千幸站起身來反駁了，看起來有些激動，又接著說：「沒錯，以一般常識來看，邊沁的行為或許會讓人覺得太超過了，但我還是認為，追求將幸福值最大化的行為，才是最沒有錯誤的正義！」

「喔？那妳也來貫徹功利主義看看啊？」

「嗄？」

「妳覺得功利主義那麼好、功利主義才是正義的話，那就不要只是嘴巴講講，要像邊沁那樣實際行動才對。例如，妳每天吃的餅乾、喝的果汁，都可以捐給窮困的人，這樣不知道能拯救這世上多少快餓死的人。」

「欸，這個嘛……花生醬我是絕對戒不掉的……」

「妳沒那個覺悟的話，就不要擺出一副功利主義實踐者的樣子說話！」

「……！」

老師突如其來的喝斥，讓千幸抖了一下。這是怎麼回事？是因為千幸的發言惹得老師不開心嗎？老師的眼鏡配的是偏紅的有色鏡片，但隔著鏡片似乎還是能清楚看到他眼中的怒火。

「我告訴妳一個『器官籤』的故事好了。世界上有許多不幸罹病，不馬上移植器官就會死的人。為了拯救這些人，一名功利主義者想出了這樣的法案：用抽籤方式從國民中隨機挑選出一人強行帶走，然後肢解這個人的身體，取出心臟、肺、肝臟、腎臟、小腸等器官供移植使用，藉此拯救多名病患。好了，我要來問問贊成功利主義的妳，這個法案是正義嗎？」

「這當然……不是正義……是壞事。」

「錯了錯了！妳的答案太奇怪了吧！這樣做的話，合計幸福值肯定是比較大不是嗎？因為只要一個人痛苦，就能消除多數人的痛苦。從功利主義的原理來說，這才是正義不是嗎！」

「可是，被抽中的那個人，原本和這件事根本不相干啊……」

老師的態度驟變，讓千幸一時之間反應不過來，只能支支吾吾地回答。但老師的語氣反而變得更加強硬，對著千幸毫不留情地繼續說下去。

「不相干？這樣說的話，那些生病的人也一樣啊。他們原本一樣是不相干的人，只是剛好抽中了『生病』這支籤而已，他們也不是自願來抽籤的啊。這樣和碰巧中了器官籤的人有哪裡不一樣！而且，器官籤的法案通過的話，被抽中的一個人的器官，可以拯救多名病患，反而能降低人類『違反自己意願，無緣無故死去』這種情況的總體痛苦值。

換句話說，無緣無故死去的機率，總體而言降低了，全人類都能平等享受這項恩惠。如果妳是真正的功利主義者，就沒有理由反對器官籤的構想。妳現在反而應該立即發起推動立法的活動！

不對，我甚至應該這樣說。世界上隨處都是苦苦等待器官移植的人，既然這樣，就不用立法也不用抽籤了。如果妳現在就主動去醫院提供自己的器官，就能增加人類總體幸福值了，不是嗎？」

千幸臉色鐵青地站著，不發一語。

老師指著教室門口，脹紅著臉，像是在怒吼般地喊道：

「妳還在幹嘛？趕快去醫院啊！不要拖拖拉拉的！」

第4章

幸福能被客觀量化嗎？

—功利主義的問題點

「啊！氣死我了！那個臭光頭！」

千幸當然是在為昨天上課時被老師針對而生氣。她用力拍打學生會室的桌子，表達自己的怒氣。雖然我覺得那樣只會讓手很痛，不會創造任何幸福，不過算了。被用功利主義吐槽也實在挺可憐的，我想我就別說話吧。

為什麼老師會對千幸講話那麼不客氣呢？雖然老師在那之後馬上就說「我好像說得太過頭了，不好意思啊」，稍微表示了歉意，當作什麼事都沒發生過一樣，重新開始上課，但千幸的心情當然跌到了谷底。直到下課，她都一直低著頭，不發一語。

到了今天，千幸看來已經恢復了一點精神，有力氣碎念了。

「但——我是可以理解老師說的啦——」自由學姐完全無視現場氣氛，慢條斯理地吐出了這句話。哎呀呀，千幸好歹也受了傷，至少今天就放過她吧。我慌張地望著自由學姐，想透過眼神將想法傳達給她。

「咦？那正義學弟你有辦法反駁老師的話嗎？」

「嗄？」

自由學姐出人意料的反應令我不知所措。看來我的凝望，被自由學姐解讀成對她的說法有異議了。哎，我是有異議沒錯，但那不是我要表達的，而且妳問我的問題，我根本就答不出來，也沒有任何意見。要反駁的話，也應該是由贊同功利主義的千幸來反駁，哪有叫我反駁的道理。我這麼想著，往千幸的方向望過去，但千幸卻用求救般的眼神看著我。

看到這個景象，自由學姐的嘴角上揚，不懷好意地笑了。啊，完了。我發現自己變成目標了。自由學姐彷彿在催促我發言般，刻意將身體往前傾，不發一語地盯著我笑。簡直就像在說：「來吧，讓我好好聽聽你有什麼了不起的論點，可以拯救這個受傷的女孩。」

這時候我身後傳來了「啪、啪」的拍手聲，有如從天而降的救星。這正是轉移話題的好機會。我回頭一看，倫理不知道什麼時候站到了黑板前，正在拍掉手上的粉筆灰。她對我們說：

「我們先來整理功利主義有哪些問題吧。」

她究竟有什麼目的？是想關懷心情低落的千幸嗎……或是想在千幸的傷口上灑鹽，給她致命一擊？我還在揣測倫理真正的意圖時，她又接著說明：

「風祭老師說，倫理課就是學習正義的課。既然這樣，我認為身為學生會的一分子，如果對上課內容有疑問、不了解的地方，就必須認真討論。因為這樣的討論，或許能進一步幫助我們得出那個問題的答案。」

語畢，倫理望向了靜靜坐在學生會室角落的「那個人」。大家也跟著朝「那個人」的方向望了過去。

那就是全校學生憤怒、不安的來源……

原本這應該是比轉賣炒麵麵包更該優先討論的議題。但我們拿不出方法解決，只好一再拖延。倫理所說的，就是這件事，她認為現在正是該打破禁忌，進行討論的時候。風祭老師在上一堂課最後提到「功利主義的問題點」，倫理已經寫在了黑板上。老師在課堂上並沒有說明這些問題，而是要我們自己調查並寫成報告，在下次上課前交給他，簡單來說就是交作業。大家聚在一起討論對寫作業也有幫助，算是一舉兩得吧。

（問題點1）幸福度究竟能不能客觀量化

「首先是第一個問題。邊沁探討功利主義的前提是『快樂是可以量化計算的』，但實際上真的有可能辦到嗎？」

「嗯，就是說啊，這個前提我覺得有些說不通耶。」

「我也對邊沁做了些調查，發現他似乎是基於某種基準下的相對價值，認為快樂是可以量化的。這樣說吧，像是……」

倫理盯著我的臉瞧了一陣子後，手伸進口袋掏呀掏的，拿出了一百圓硬幣，然後無預警地鬆手，讓硬幣掉到地板上。不出所料，硬幣撞到地板發出了「鏗啷」的聲音。當我還在發呆，想著「學生會室很少聽到這種聲音呢」，倫理對著我說：「麻煩你撿起來。」

「嗄？」

雖然不清楚她想幹嘛，我還是照她說的去撿。不知道是碰巧還是故意，這枚硬幣掉到地上時一路滾到了桌子下，停在了一個不太好撿的位置。所以我光是蹲下還不夠，必須趴在地上去拿才行。像這樣趴低身子去撿眼前的人丟在地上的零錢，出乎意料地讓我覺得自己頗為悲慘……現在是在演哪齣啊？

「怎麼樣？撿到了一百圓開心嗎？」

「是啊，開心。」

因為不知道用意為何，所以我反射性地回答。但說完我才察覺，趴在地上，手裡握著一百圓，抬頭向對方說出這句話，一樣也是個相當恥辱的狀態。

所以現在到底是在演哪齣啊？

「像這樣走在路上時，剛好撿到掉在地上的一百圓，感到幸運、開心，這種心情就定義成幸福值一分好了。那正義同學，你撿到的一百圓就送你，但你可以讓我狠狠打一巴掌嗎？」

「好。……欸，不對不對，我才不要咧！」

「沒錯，這樣太不划算了。那如果我付你一千圓的話呢？」

「嗄？……我是不想啦，不過一千圓啊……」

我還是搞不懂來龍去脈是怎樣，我只知道讓她賞一巴掌的話，就能拿到一千圓。不用說，我是不可能為了區區一千圓拋棄身為男人……不，身為一個人的尊嚴的。我好歹是學生會長耶。

我當然堅定拒絕了。

「如果是兩千圓呢？」

「那就可以。」

我不小心說出了真心話。可是老實說，只要忍一下痛就可以拿到兩千圓的話，我覺得很划算。而且重點是，我這個月的零用錢要見底了。

聽到我這樣回答，自由學姐「噗哧」一聲發出了輕蔑的笑聲。哎呀，自由學姐，妳這種有錢人家的大小姐是不會懂世界上有多少窮人的。

「所以對正義同學而言，挨一巴掌的代價是兩千圓，也就是相當於撿二十次一百圓。這樣的話，挨一巴掌可以換算成負二十分的幸福值。」

自由學姐邊聽邊點頭，似乎很佩服倫理的說明。

「喔，原來是這樣啊。撿到一百圓如果有一分的幸福值，只要持續這種幸福二十次，就能忍受挨一巴掌的痛苦，所以可以得到這種等式啊。哇，真的嗎？這傢伙……」

自由學姐，拜託妳不要在那輕描淡寫地羞辱我好嗎？

「沒錯。『撿到一百圓』的幸福和『挨一巴掌』的不幸……兩者雖然完全不相干，但因為相互抵消的關係，所以能導出：

20×『撿到一百圓』＋『挨一巴掌』＝0

的等式。如果把『撿到一百圓』代換成『幸福值一分』……接著只要經過簡單的運算，就能得到：

『挨一巴掌』＝幸福值負二十分

的答案。怎麼樣？大家不覺得幸福是可以量化計算的嗎？」

這時我發現，千幸聽了倫理的說明後身體在顫抖。

「妳說的這些……是邊沁想出來的吧？」

「沒錯。」

「太驚人了！這跟我以前想的一樣！」

千幸這麼說著，從書包拿出了筆記本，像是要秀給我們看一樣，在桌上攤開來。她翻開的地方密密麻麻地寫滿了字。我看了其中一行，馬上就明白這是什麼樣的筆記了。

「被請吃拉麵」＝二擁抱

擁抱應該就是我認知中的擁抱吧……雖然我很想吐槽這個換算是怎麼來的，但總之這似乎和倫理剛才說明的量化是一樣的。除了這一行，其他行也列出了千幸想到的各種情境，像是「巧遇自己喜歡的明星」、「不用寫功課」等等，全都以「擁抱」為單位加以量化，看來筆記本的每一頁都寫滿了這些內容。

「沒錯，就像邊沁說的！雖然一般人都會認為幸福度、快樂的多寡無法量化，但只要訂出某項基準，再用這個基準來換算的話就可以量化啦！邊沁還不賴嘛，沒想到他竟然能想出和我一樣的結論。」

不對，妳說反了吧？竟然把自己說得比邊沁還了不起咧。

「不過，擁抱這回事，幸福度會隨對象而不同吧？妳究竟是以跟誰擁抱當作基準呢？」

自由學姐這麼說道，一面賊笑一面來回打量著我和千幸。呃，自由學姐，或許我是和千幸最親近的異性沒錯，可是就是因為太熟了，我們彼此都沒有那個意思喔。或該說，就算她對我有感覺好了，如同自由學姐猜想的，這個奇妙的單位就是和我的擁抱好了，但兩次擁抱只等於一碗拉麵，老實說還真教人喪氣。

「這樣表示，或許會讓人覺得量化真的可行，但我認為量化的精確度還是有極限的。因為，無論如何都會帶有個人的主觀意見。像是筆記的這個地方。」

倫理用食指比向其中一行。看到千幸寫的等式，讓我不禁傻眼。

「吃香菇」＝負五萬擁抱

「啊，因為我真的很討厭香菇嘛。」

呃，這根本主觀到不行吧？由此可知，這本筆記一點參考價值也沒有。另外，還有一個地方……讓人很無言……

「正義學弟，不要因為自己的五萬次擁抱只等於一朵香菇就那麼失落啦！」

「妳妳……妳在說什麼啊？自由學姐！」

一不小心，我做出了好像被說中心聲似的拙劣回應。拜託，我真的沒有感覺失落……

「抱歉啦，正義，唯獨香菇我是真的不行。」

喂，妳那樣說就等於承認把我的擁抱當成計算基準嘍，難道妳無所謂嗎？

嗯，先不管那個了。仔細看千幸的筆記本，還會發現有很多奇奇怪怪的地方。其中最誇張的，就是「骨折等於負三千擁抱」。世界上哪有人覺得吃香菇比骨折還嚴重的？這裡面也未免太多個人主觀意見了吧。

「千幸，我說妳啊，這本筆記本的內容應該不太行得通吧。」

「嗄，是喔？我想說之後哪天要刊在學生手冊上，所以一點一點寫下來，果然不行啊……畢竟學生手冊會變得太厚嘛。」

不對，才不是厚度的問題咧。還有，如果擁抱的單位真的是以我的擁抱當作基準的話，把這刊在學生手冊上也太離譜了。

「而且，千幸學妹啊，我覺得呢，人每天的感受是會變的。更不用說，對我而言的幸福值一分，跟對妳而言的幸福值一分未必是一樣的。如果說，幸福值一分的量原本就不一樣，也就是會隨每天的心情或人而變的話，那單位不就失準了嗎？這樣就算去計算也沒有意義了。」

「呃……」

自由學姐的話一針見血。

「邊沁也有發現這方面的問題。例如，在為了兩千圓就可以出賣尊嚴的環境中成長的正義同學，對他而言，撿到一百圓是無比開心的事。但對於已經持續了這樣的幸運一百萬次的人而言，就算再撿到一百圓，也不是多開心的事。」

「就是說啊，像我的話，就算掉了一百圓我也不會去撿。」

「正義同學，如果你有一億圓的話，你還會為了兩千圓挨巴掌嗎？」

「就算給我一萬圓我也絕對不願意！」

我發現為了兩千圓挨巴掌這件事害得自己被過度貶低，所以大聲明確地拒絕了。

「嗯，就像正義同學剛才的反應，人對於快樂的感受會隨自己身處的狀況而有不同。這樣的話，就不是單純的加減法可以計算的。換句話說，幸福值一分連加一百次，其實並不等於幸福值一百分。」

「簡單來說呢，就是第一次接吻會覺得臉紅心跳、幸福洋溢，不過第二次開始感覺就沒那麼強烈了。接吻的次數並不直接等同幸福的多寡是吧……」

自由學姐哀愁地說道。嗯，我猜她應該是想解釋得簡單一點，但因為我毫無經驗，實在很難點頭贊同。

「啊，我懂我懂！」千幸說。

「嗯，妳應該懂吧。」

才怪，妳怎麼可能懂。

「總之，幸福度的計算可以歸納出兩個問題。

第一個是，每個人的感受和狀況不同，所以訂不出適用於所有人的快樂基準單位。

第二個問題，快樂這件事的性質是，把『一』加一百次並不會等於一百，也就是用加法計算是行不通的。到頭來，只要無法具體計算，就不可能得到客觀的答案，所以不得不說，邊沁的快樂計算理論無法用在現實中，是無效的。」

（問題點2）生理上的快感就是幸福嗎？

「功利主義的第二個問題是，將肉體的快樂直接與幸福、正義做連結，真的是正確的嗎？其實，有一位相當於邊沁學生的哲學家叫作彌爾，他就曾提出這樣的批判：『邊沁老師雖然主張要增加快樂的量，但難道快樂的質就不重要嗎？』」

「什麼啊？這個彌爾的話我聽得一頭霧水耶。快樂的『質』是什麼？只要有很多愉悅的感覺就好了不是嗎？」

「哎呀呀，不對唷，千幸學妹。不論肉體獲得了多少快樂，到頭來啊，都只會感到空虛喔……」

自由學姐又是一副哀愁的樣子。那個好像已經享盡世界上所有快樂的口吻是怎麼回事啊？

「就用戀愛來說明好了。我問妳喔，妳是喜歡肉慾的，只有身體感到愉悅的戀愛呢，還是精神上的戀愛呢？像是真的很尊敬對方，光是碰到手、眼神對到，心裡就會小鹿亂撞的那種戀愛。」

「當然是後者！」

「原來如此，這個比喻很好懂呢，我也是後者。」

她們倆倒是有志一同。

「那我就幫不了解女孩子心思的正義同學補充說明好了——」

錯了錯了，副會長，我可是很了解喔。該不會我被當成學生會裡最不懂戀愛的人了吧？好吧，我的確對跟女生交往之類的事沒什麼興趣啦。

「舉例來說，『邊聽節奏感很強的音樂邊喝酒』這種吵吵鬧鬧的快樂，是在物理上刺激肉體，因此當然會獲得強烈快感，但社會上一般認為，『在美術館邊聽古典樂邊欣賞畫作』的快樂比較健康，也比較有『品質』，所以價值上來說，也是後者比較高。」

「原來如此，我懂妳想說什麼了。的確是後者的快樂比較有氣質，或該說感覺比較高尚。」

老實說，我並不會想積極從事後者那種休閒活動，但我可以理解，如果把「鬼吼鬼叫」和「古典藝術鑑賞」放在一起比較，我會選擇後者。

「沒錯，換成粗鄙的快樂與優雅的快樂、低俗的快樂與高尚的快樂之類的說法，或許會比較好理解。換句話說，彌爾對邊沁的批評是這樣的：『雖然同樣是快樂，但也有低俗的快樂與高尚的快樂之分。老師測量快樂時沒考量到這些差異，將兩者混為一談是不行的。』」

這個學生批判的砲火真猛烈啊。

「是喔？每個人對於什麼是低俗、什麼是高尚的定義又不一樣，我覺得不能這樣認定。」千幸說。

以千幸來說，這算是很認真的吐槽了。雖然彌爾是邊沁的學生，不過或許她不太希望邊沁受到批評。

該不會她把自己當成了邊沁，在對學生的批評提出辯駁吧？

「嗯，千幸學妹說得沒錯。不但不能那樣認定，尤其高尚的快樂這種事，如果家境不夠好、沒有一定程度的教養，是根本無法理解的喔。」

雖然自由學姐是用一派輕鬆的口吻說出這些話，但仔細一聽會發現，話裡面有一種非常高高在上的感覺。「總之呢，至少也要是家裡有鋼琴的家境才行。」她這番補充，又把姿態擺得更高了。

聽到這番話，千幸用一種不自然的態度說道：「嗯，鋼琴呀，我家也有。」

千幸啊，妳就別打腫臉充胖子了。我覺得自由學姐說的應該不是妳那種玩具鋼琴喔。

「我不太能認同自由學姐這種高高在上的發言。」

不愧是倫理，對自由學姐也是有話直說。

「不過，其實彌爾也說過同樣的話。」

嗄，是喔？

「根據彌爾的說法，人類可以分為『低級人』與『高級人』，假設把『低俗的快樂』與『高尚的快樂』擺在一起，低級人無法理解『高尚的快樂』，只會選擇『低俗的快樂』；但高級人兩種快樂都能理解，而且必定會選擇『高尚的快樂』。所以如果找來一大群『高級人』，叫他們選擇哪種快樂比較好的話，一定能區分出『低俗的快樂』與『高尚的快樂』。」

哇，竟然把人這樣區分，彌爾也是有夠高姿態的。

「我來唸一下彌爾寫的文章好了。」倫理拿出了筆記本。「我換成了比較淺白的說法，但意思還是跟原本一樣。」她說完後開始朗讀。

「對於低俗的快樂與高尚的快樂都了解的人，毫無疑問會選擇高尚的快樂。就像是即使答應給你滿滿牲畜般的快樂，也不會有人同意讓自己變成下等動物吧。另外，就算知道白癡、笨蛋、惡人都對自己的人生很滿足，聰明的人也不會想變成笨蛋，有教養的人也不會想變成粗人，親切有良心的人也不會想變成卑劣利己的人。高級人要獲得幸福，本來就比劣等人需要更多東西，在許多方面也更容易感到苦惱。但儘管有這些負擔，高級人也絕不會有墮落成低級人的念頭。」

彌爾……好歹也修飾一下你的用詞嘛……這個誇張到不行的菁英心態是怎麼回事啊。

「笨蛋可能會滿足於低俗的快樂，可是我們菁英分子跟那種白癡可是不同的喔。」彌爾如果是我同學，一定是會口吐這種狂言又沒有朋友的人。

「彌爾還真不簡單啊，我輸了。」自由學姐抬頭望向天花板，嘴裡說著：「我得更加油才行了。」

嗄？什麼輸了？瞧不起人的態度嗎？

「彌爾小弟會不會說得太過頭啦？那他本人實際上又是怎樣呢？是高級人嗎？」

千幸還真把彌爾看成自己的學生了。欸不對，叫他彌爾小弟是怎樣啦。可能彌爾這個名字聽起來像年輕人，所以讓妳誤會了，不過我覺得他應該只是個上了年紀的大叔喔。

「我不清楚他是否真的是高級人，但他確實是富有的菁英階級。他並沒有上學，而是由身為學者的父親在家教育他長大，他接收的就是所謂的英才教育。但據說他父親是個相當嚴格的人，禁止彌爾和附近的小孩一起玩，每天都得念書。他從三歲就開始學希臘文，八歲開始學拉丁文，並徹底鑽研數學、哲學、經濟學，十六歲時就已經向雜誌投稿政治評論了。」

「彌爾小弟真厲害，太厲害了！」千幸大表讚揚。

呃，厲害是厲害，但如果是我，應該會想逃離那種生活。彌爾敢拍胸脯大聲說這樣很好、自己的童年很幸福嗎？

至於自由學姐則露出了有點複雜的表情。想必是覺得每個有錢人家的小孩都有自己辛苦的地方吧。

「可是我還是覺得邊沁的主張簡單多了，也比較好耶。那種好像只有菁英階級才了解高尚的快樂的說法，老實說真有點教人火大。」

「沒錯。實際上也經常有人針對彌爾這種獨斷的菁英心態提出批判。」

嗯，現代也常有這種事啊。一群菁英或有識之士聚在一起決定出來的事情，用常識來看卻容易顯得可笑。菁英未必就永遠是對的。

「總之我投邊沁一票，彌爾小弟的主張畢竟還是太主觀了。」

把香菇跟五萬個擁抱畫上等號的妳沒資格這樣說啦。

「邊沁的主張的確比較簡單明瞭。他認為只要能獲得快樂，怎樣都無妨，還留下了一句名言：『只要快樂的量相同，圖釘遊戲和作詩的價值是一樣的。』」

「啊，等一下！有個詞我聽不懂。」

千幸舉手發問。沒錯沒錯，我也有一個聽不懂的詞，真想搞清楚那是什麼。

「什麼是ㄗㄨㄛˋㄕ？」

啥？竟然是問這個？

「啊，作詩就是寫詩，簡單來說就是創作詩歌。」

「喔，是這樣啊。我偶爾也會寫，的確是高尚的興趣呢。」

不對不對，妳的事就不用說了，該問的是另一個吧？

「千幸學妹妳也是啊？我有時也會寫喔。相比之下，圖釘遊戲的確是挺低俗的呢。（笑）」

剛剛還一臉愁容，默不作聲的自由學姐又加入了對話。看來自由學姐好像知道圖釘遊戲是什麼。似乎真的是低俗的遊戲。

「嗯，我懂我懂！」

「是的，沒錯。」

咦？等一下。該不會除了我以外的所有人都知道圖釘遊戲是什麼吧？

「而且不只這樣，邊沁還接著說：『如果圖釘遊戲能帶來更大的快樂，那就比作詩更有價值。』」

「哇，真的假的？（笑）」

「連我都覺得這樣不行啦！（笑）」

我覺得自己完全被排除在外。說真的，圖釘遊戲究竟是什麼？

到底是多低俗的遊戲？

「對了，彌爾則是這樣說：『不滿足的人類好過滿足的豬，不滿足的蘇格拉底好過滿足的愚人。』」

「咦，我好像聽過這句話呢。」

「是的，『寧願當瘦巴巴的蘇格拉底，不要當胖嘟嘟的豬』這句話應該很有名。」

「啊！這句話我知道！」

可是我還是比較想知道圖釘遊戲。既然是圖釘，應該是用來刺什麼東西吧。結果卻變成了讓人無法接受的低俗遊戲。

「這邊提到的蘇格拉底，當然是那位古希臘哲學家。他曾說過，如果要扭曲自己相信的正義，那他寧願喝毒藥。換句話說，蘇格拉底稱得上是親自證明了：單純追求增加快樂並非正義。我認為，蘇格拉底的這種人生態度在討論正義時具有非常重要的意義。舉例來說，正義同學！」

「是！」

現在的氣氛已經無法把話題帶回圖釘遊戲上了。剛才那種像在閒聊的感覺消失無蹤，倫理一臉認真地直直盯著我看。

「假設正義同學是偷拍狂。」

「嗄？」

「這當然只是比喻。我相信正義同學不是那種人。」

倫理並沒有惡意。我想她應該真的只是在比喻，剛才回我的話也是真心的。不過，不知道是她天生如此嗎？說話方式和眼神過於冷漠，就是會讓我心裡忐忑不安，覺得她在懷疑我。

「假設正義同學是偷拍狂，有一天碰巧獲得了透視的超能力。只要使用這項能力，正義同學就可以隨心所欲偷看自己喜歡的女生的裸體……盡情享受肉體上的快樂。由於這是超乎常理的能力，因此不會透露給別人知道。

當然，偷窺是犯罪，但至少在這個案例中，被偷窺的那一方並不會察覺。換句話說，因為沒有人會感到痛苦，所以可說是『沒有被害人的犯罪行為』……那這種行為到底算不算得上正義呢？」

當然沒有任何人點頭。

「可是如果以邊沁的功利主義、計算快樂的方式來判斷的話，正義同學獲得了快樂，但他人並沒有感覺痛苦，快樂的計算結果是正的……也就是會得到這樣是正義的結論。但很明顯，這並非正義。就像彌爾所批判的，邊沁這種『只要肉體上的快樂愈多就是好』的單純思維，存在著致命的問題。這個問題便是：無法排除剛才說的那種『沒有被害人的犯罪行為』。

換句話說，雖然邊沁的功利主義肯定貪求低俗快樂的『胖嘟嘟的豬』，但對於蘇格拉底那樣的人——就算自己會吃虧也要行正道的『高潔的人』，卻沒有給予應有的評價！我認為這個根本的問題，顯示出功利主義並不足以做為正義的判斷基準！」

（問題點3）「功利主義容易走向極權」的父權主義問題

「那麼最後是父權主義的問題。」

「等一下！第二個問題我還有不能接受的地方！」

倫理一股腦地說完自己想說的話，就打算直接進入下一個問題。雖然慢了一步，但千幸驚覺倫理的意圖，連忙出聲阻止。

「妳有什麼要反駁的嗎？」

倫理一副難以置信的表情。雖然話說到一半就被打斷，但她並沒有面露不悅。從她的反應和態度看來，似乎是真的很訝異，覺得不可能還有反駁的意見。

「既然這樣……」

千幸沉痛地喃喃自語。過了幾秒，她好像下定了什麼決心，猛地睜開雙眼這麼說道：

「我就採納彌爾小弟……我徒弟的理論吧！」

他才不是妳徒弟咧。

「就像彌爾說的，只要考量到快樂的『質』，就能解決『沒有被害人的犯罪行為』這個問題了對吧！」

「的確是這樣。不論偷拍狂正義同學從偷窺行為獲得了多麼強烈的快樂，就質而言，這種快樂都是卑劣低俗的，如果判定為不具任何價值……」

「沒錯，正義的偷窺行為不會提升幸福值，不，甚至可以說反而會變負的。也就是說，在功利主義的名號下，是可以將偷拍狂正義斷定為惡的唷！」

……如果有人剛好在走廊上聽到這段對話，肯定會誤會。

「好吧。如果計算快樂的時候，不是像邊沁那樣單純把所有快樂都視為正，而是比照彌爾的主張，認為快樂有好壞之分，好的快樂是正，壞的快樂是負的話，我的批判就不成立。」

「對吧！」

千幸好像要誇耀自己的勝利般，雙手環胸。

「當然，就像千幸同學說的，彌爾的理論有『快樂的質要由誰、如何決定』這個問題存在，但現在先不討論。我們就繼續回到第三個問題，也就是是關於父權主義的問題。」

「什麼是父權主義？」

為了避免重蹈圖釘遊戲的覆轍，這次我馬上就提問了。

「父權主義也叫作『家長式領導』。這裡說的『父』，該怎麼說呢……或許可以想像成：無視對方的想法，把自己單方面認為好、正確的做法強加在別人身上的人。」

「……」

我直覺地想到了正在我眼前說話的這個人……。往隔壁一看，千幸及自由學姐也露出了一副「那不就是妳嗎」的微妙表情。

「簡單來說就是『自以為是的雞婆主義』對嗎？」

自由學姐用食指抵著下巴，笑咪咪地說道。

「是，或許可以這樣說。」

倫理點頭表示贊同。呃，我覺得她應該是在諷刺妳喔。

「總之，所謂的父權主義就是指強者宣稱為了弱者好，無視本人意願強加干涉、支援的行為。這裡說的強者和弱者，用醫生和病人的關係來理解可能會比較容易進入狀況。舉例來說，醫生具備醫學知識，但病人則不是。因此從知識力的觀點來說，醫生是強者，病人是弱者。假設病人不好好照顧自己的身體，吃的都是有害健康的食物好了。於是醫生會干涉病人的飲食，告訴病人『這些這些東西不能吃』。父權主義，也就是自以為是的雞婆主義，簡單來說，就是指醫生的這種行為。」

「咦？這不是好事嗎？說難聽點，這樣或許是雞婆沒錯，但醫生是為了病人著想對吧？那聽醫生的話不是理所當然的嗎？況且醫生也不可能不准我吃花生醬。」

講得好像花生醬是健康食品一樣。原來如此，所謂的弱者是這樣啊。我好像能理解醫生想要干涉病人的那種心情。

「確實不能一律說成不好的，但『無視本人意願』這一點依舊會產生問題。例如，要是醫生以病人的健康為由，將病人關起來、拿走他的物品，這樣就太超過了對吧？父權主義乍看之下好像是在做好事，但要是太過頭，就很容易變成這種『打壓他人的行為』。」

千幸雙手環胸，似乎很認同般地點了點頭。

「啊，我知道我知道！就是嘴巴上說是為對方著想，但實際上卻逼對方這樣做、那樣做的行為，會愈來愈嚴重對吧？可是，父權主義太過頭的話會有問題這件事，跟功利主義有什麼關係？」

「不是有什麼關係，而是功利主義就是一種父權主義。功利主義的本質便是父權主義、雞婆主義，本身就存在父權主義的問題。」

「嗄？為什麼？」

「不論邊沁或彌爾，功利主義追求的都是最多數人的最大幸福，也就是大家的幸福。可是，要實現這種幸福，必定得要行使『打壓他人的強大權力』。舉例來說，妳們還記得上課時提到的那個飯糰的例子嗎？」

「欸……啊！嗯，記得。三個人之中有一個人餓肚子時，飯糰該怎麼分配比較好對吧？結論就是多分一些給餓肚子的那個人，全體的幸福度才會增加，沒錯吧？」

「嗯。但要達成這個結論，就必須動用強大的權力，從已經吃飽的兩個人那裡強行拿走飯糰。請大家回想一下過去的蘇聯。蘇聯以外的共產國家也一樣，這些以共產主義，也就是平等的正義為宗旨，追求全體幸福度最大化的國家，大多偏向極權、高壓的政治體制。原因並不是『共產黨就是壞人』這種粗淺的結論，而是想要實現『平等的正義』，就勢必需要極權與打壓。

共產主義者主張，如果任憑人類自由活動，一定會出現人生得意與失意的人、有錢人與窮人，或某些人將另一群人當作奴隸之類的不平等的狀況。為了改善這種不平等，實現平等的正義，必須要有強制力……強大的權力，來限制人生得意者、有錢人的自由及所有權。當然，功利主義者未必就是共產主義者，但兩者的結構是一樣的。只要功利主義的性質具有打壓不虞匱乏的人，以達成最多數人的最大幸福這樣的目的，就必須具備強大的權力，而這就會和共產國家一樣，難以避免父權主義的問題。」

「可是！」千幸出聲反駁。「就算有父權主義的問題，那又有什麼關係！大家不是都會得到幸福嗎？我覺得允許個人為所欲為，導致大家的幸福減少反而才是問題。不是有一句以前流傳下來的名言是這樣說的嗎？『我為人人！人人為人人！』」

不對，才不是這樣說咧。應該說，原本一句好好的名言，被妳跟不知道哪聽來的台詞混在一起，變得不三不四了。真要說的話，這句話反而是在顯示功利主義的傲慢喔。

接著，千幸將食指往上一指，大聲說道：

「ONE FOR ALL！ALL OR DIE！」

這已經不知道該從哪裡吐槽起了。這句話直翻，會變成「要為所有人奉獻！不然就去死」之類的意思吧？根本是獨裁國家才會出現的格言嘛。

「……不對，這樣很奇怪吧？」

這次輪到自由學姐出聲反駁了。她的聲音中帶有怒氣，微微顫抖著。啊，慘了。這樣一路聽下來我就已經隱約察覺到了，也一直在擔心，父權主義的問題正好是自由學姐最討厭的限制自由的話題啊。

「聽好了，千幸學妹。也許妳覺得為了讓大家都得到幸福，極權手段也是無可厚非，但實際上根本不知道那樣是不是真的會幸福啊。」

「嗄？只要計算幸福值就知道啦……」

「不對，快樂的計算在討論第一個問題的時候，就已經得出『因為過於主觀，所以無效』的結論，遭到否定了不是嗎？彌爾關於『質』的主張也一樣啊。根本無法認定怎樣才是高品質的快樂，就算強行認定了，最終一樣只是主觀的定義對吧？」

「………」

「只要帶有主觀成分，也就是沒有客觀性的話，計算快樂的結果就很有可能是錯的。將有可能出錯的東西斷定為絕對正確，憑藉著權力強行推動……這哪裡稱得上正義，根本就是惡吧。」

自由學姐終於說出了決定性的論點。她清楚表明自己認為功利主義、平等的正義是惡而非正義。

這當然令千幸大受打擊。她就像被老師針對時那樣，臉色鐵青、不發一語。

「可是……」

在一陣尷尬的沉默後，千幸終於開口，聲音聽起來苦澀不已。

「如果未來科學更進步，發展出了新技術……或許可以做出有辦法分析人類大腦的機器，完美地量化幸福度。只要做出那種機器，應該就能客觀計算快樂，找到正確提升大家幸福度的方法。」

完全把希望寄託在不確定的未來，聽起來就像好不容易擠出來的藉口。簡單來說，這就是邊沁曾經提出的快樂測量器嘛。我望向自由學姐，她露出了無法接受的表情。

「或許人類可以做出那種機器，但那是什麼時候呢？一百年後？兩百年後？妳不覺得思考這種不切實際的事沒有意義嗎？我認為這就像在討論『有任意門的話該怎麼辦』一樣，是在浪費時間。」

「不，我倒認為我們在這個問題上可以勇於嘗試各種思考。」

倫理在這時出聲維護千幸。呃，老實說我還真沒想到。

「我覺得我們反而應該預設對功利主義而言最理想的狀況，然後試著進一步思考下去。」

「換句話說，妳的意思是，假設客觀而且完美地計算快樂是可行的？」

得到了意想不到的幫助，千幸露出看似開心，但又半信半疑的複雜表情。這也難怪，畢竟伸出援手的人可是倫理。她不可能無緣無故，更不會出於同情之類的原因，就站到千幸這一邊幫功利主義說話。一直以來和倫理勢同水火的千幸應該最清楚這一點。

「不，我不認為邊沁的快樂測量器這種癡人說夢的事有可能實現，只是我想去假設如果真有這回事的狀況。我想證明的是，就算真的實現了，功利主義還是有問題的。」

哇。她的意思簡單來說，就是「我之所以故意接受對妳有利的藉口，就是為了徹底擊潰功利主義」耶。這根本不是伸出援手嘛。倫理果然毫不留情。

「那麼……」

倫理邊這麼說，邊咳了一聲，接著稍微深吸一口氣，開始說明。

「假設因為腦科學的發達，實現了當初邊沁試圖打造的快樂測量器。這個裝置可以分析出全人類大腦的物理特性，給予某人刺激，這個人感受到多大程度的哪種快樂，也全都能客觀地數值化。

如此一來，量化的問題就解決了。至於快樂的質的問題，則交給AI解決。例如，喝酒狂歡雖然會帶來巨大的快樂，但如果得到的都是這種暫時性的強烈快樂，就會想追求更多快樂，或是無法滿足於微小的快樂。以長期觀點來看，反而有可能導致可以享受到的快樂總量減少。

另外，鄙視他人而得到的低俗快樂會扭曲人格，同樣會導致長期下來能享受到的快樂減少，或甚至帶來痛苦。像這樣以長期觀點，也就是最大化『人生所能獲得的快樂總量』來看，具有持續性又健康的快樂，比稍縱即逝、頹廢的快樂更有價值，因此會產生應該避免前者、積極獲取後者的結論。那該攝取哪種快樂才能得到最好的結果？該如何最大化『人生快樂總量』呢？關於這一點，就假設AI會模擬人腦，幫忙做出客觀判斷好了。換句話說，就是預設AI會針對人類給予何種快樂，才能帶來長期的最佳結果，做出適當判斷。我想AI一定會認為，和朋友一起開心地慢跑，好過喝酒狂歡吧。」

倫理一口氣說出了在技術上解決第一個及第二個問題點。

「有了以上前提之後我想問，我們應該遵照AI做出的決定而活嗎？」

「這還用問嗎？這不就是典型的監控社會、反烏托邦嗎？」

自由學姐用不耐煩的口氣說道。這點我倒是認同自由學姐。這樣不就等於必須早睡早起、不可以吃零食、一天只能打一小時電動等等，在他人指示下過著絕對正確的生活嗎？或許這的確是健康、正確的生活方式，但是要不要這樣過又是另一回事了。

啊，原來是這麼回事。我知道倫理的目的了。她之所以全盤接受千幸那些有利於功利主義的藉口，是為了將由這些假設導出的完美正確的快樂，與「是否該強制所有人服從」這個父權主義的問題連結在一起。

「可是！就算是這樣，遵照AI而活可以確實讓大家都幸福不是嗎？既然這樣，我認為那就應該聽AI的話！」

千幸自然不會在此讓步。她大概也只能這樣回答了吧。

然而，這樣一定正中倫理的下懷。

「我知道了。那就假設政府訂定了所有人都要遵照AI的決定而活的法律，讓功利主義者引頸期盼的『最多數人的最大幸福』得以實現。AI會持續提供正確的判斷結果給社會，讓所有人的大腦都能平等地獲得最大快樂。但如此一來，AI一定會做出應該實施『器官籤』的判斷吧。」

「嗄……？」

器官籤……。也就是摘出中籤者的器官，以救治眾多病患的制度。要在這裡使出這一招嗎？倫理果然是毫不留情。

倫理就像要使出致命一擊將死對手的棋士般，不客氣地繼續說下去。

「所以妳認為，就算這樣也還是要遵照AI的判斷對嗎？如果有人不服從判斷，違抗這個系統，經AI判斷認為，因為這個人的緣故而損失了更多幸福的話，我想違抗者應該會被關起來。即使如此，我們也還是應該服從AI、服從功利主義的判斷結果嗎？」

「既、既然AI那麼聰明的話……總有一天會不再需要器官籤……對！應該可以打造出誰都不會痛苦，沒有意外也沒有疾病的世界！在這一天來臨前，如果時間不長的話……我可以接受器官籤！」

千幸勉為其難地說出了這番話。實際上，我想她也不得不這樣說。這種事原本是不對的，但她硬是訂了一個期限，逼著自己吞下去，反而讓人覺得這個回答某種程度上已經偏離了本質。

然而，倫理連這種藉口也照單全收。

「我明白了。那就假設，AI為了使人類不再需要器官籤，做出了這樣的判斷：取出全人類的大腦，放進水槽中接上電極，透過製造夢境的裝置，讓人理解現實世界，並持續給予適當的快樂……這樣如何呢？這樣或許可說是任何人都不會感受到痛苦，完美且安全，對功利主義而言最理想的狀態。若有根據功利主義打造的AI，並把管理社會的工作交給這個AI的話，最後必定會產生這樣是最佳狀態的結論吧。那麼，我們真的應該把這樣的世界當作是對的嗎？」

「……」

千幸這時也說不出話了。

「正義同學你怎麼看呢？」

「嗄……？」

「快樂都得到適當管理、以適當方式提供的世界……你想活在這種世界嗎？」

我腦中浮現這個畫面：空無一人、黑漆漆的房間裡，擺放了大量水槽，水槽內漂浮著一個個插著電極的大腦。在這個世界裡，所有人都不發一語，平等地沉浸在僅存在於大腦的快樂之中，感到無比愉悅。

「我可不要，感覺這樣都失去活著的意義了。」

此時，千幸的眼中流下了一道淚水，讓我大感意外。

過去我曾數度見識千幸講不過倫理、被倫理駁倒的場面，但這還是第一次看到她掉淚。咦？該不會是因為我否定了功利主義吧？這樣說來，回想過往之後我發現，我對功利主義發表負面看法時，千幸的反應似乎總是會特別激烈。不對，恐怕是我想太多了。一定是之前累積下來的東西，在這時候一口氣爆發出來了吧。覺得她是因為我而哭，這實在是自我膨脹過頭了。

「…………」

千幸也不伸手擦眼淚，就這樣默默哭泣。我和自由學姐都不知該如何是好，只能靜靜盯著哭泣的千幸。至於引發風波的倫理，則是一副若無其事，不對，應該說一臉與我何干的樣子，看起來像是為了更深入思考這個問題，正沉浸在思緒中。說不定千幸根本沒有進到她的視線。

我認為倫理的質疑確實無懈可擊。說到底，功利主義的問題點就是這些吧。第一個問題點是，功利主義得出的結論，有可能完全悖離我們的情感。而另一個問題點是，在正義的大旗之下，我們有可能被迫接受這種不符情感的結論。這兩點是功利主義本質上的問題，只要存在這兩個問題，不論今後能做到多正確的快樂計算，恐怕我們都還是難以贊同功利主義。

「啊，對了……」

倫理好像想到了什麼，突然抬起頭來這麼說。

「我想妳們大概不知道，我們學校的全景監視系統……命名以及想出這個概念的人，也正是邊沁喔。」

「嗄……」

不只是千幸，我和自由學姐也極為震驚。

「真的是……這樣嗎……？」

千幸似乎大受打擊。這也難怪，畢竟對千幸而言，這就像被告知自己所信奉的正義的創始者，竟然是大魔王或陰謀的幕後黑手、萬惡根源般。

「是的，我們及千幸同學最厭惡的全景監視系統，正是邊沁創造出來的。其實仔細想想就會明白，以功利主義的角度而言，這根本是完全無從反對，甚至應該積極採用的一套系統。原因就在於……」

「夠了！」

千幸沒聽完倫理的說明便跑出了學生會室。倫理呆住，過了幾秒終於露出恍然大悟的表情。她似乎到現在才搞懂狀況。

「對不起……我說得太過分了……」

倫理以抱歉的眼神看著我。

「那個……正義同學，拜託你了。」

她話還沒有說出口，我就已經起身去追千幸了。

我一下就追上千幸了。

由於她說話的語氣總是充滿活力，因此容易被誤會體育很好，但其實千幸並不擅長運動。更進一步說，她小學的時候根本是體弱多病。身體不好造成她個性怯懦、遲鈍，常被班上同學欺負，這是從千幸現在的樣子完全無法想像到的。

「正義……」

學校的某處走廊上，我找到了千幸。

沒有體力的她跑累了，就這樣呆呆站在這個不上不下的地方，臉色蒼白，雙眼紅腫。這讓我想起了小學時的她，不禁有些心酸。

「對不起。」

千幸低下頭老實地向我道歉。看到她已經冷靜下來，讓我鬆了一口氣。

「大家都很擔心妳，我們先回去吧。」

我說了這句不痛不癢的話之後，千幸「嗯」地點頭，我們便並肩走在一起。從走廊望出去，雖然還沒天黑，但天色開始變暗了。除了我們兩個，周圍沒有其他人。

「感覺好像以前呢。」

千幸突然開口。她口中的以前，應該是小學的時候，我每次去找被欺負哭了的千幸，陪她一起走回家的那段時期吧。

「是啊。」

我淡淡地回答。畢竟這對千幸而言應該不是快樂的回憶。

但千幸又繼續說下去。

「那時候的正義感覺真的是個充滿正義感的人，好熱血喔。」

「是熱血過頭到讓人吃不消吧。」

「才不是呢。每次都多虧有你幫忙，我非常感謝你喔。」

青梅竹馬向我訴說童年時期的感謝，這原本應該是令人開心的情境。但很不巧，對我而言，那段時間的所有事都是黑歷史。

啊，原來如此。不願想起那段過去的人是我，而非千幸。

「那時候有夠好笑的。我本來就喜歡看英雄節目，不過可能還是因為名字的關係吧，想說自己的名字都叫『正義』了，就傻傻地以為這就是自己的宿命、使命咧。」

「可是，都是多虧有你，我才得救的。」

不對，真相才不是那樣。

還有……妳又變回以前那種柔弱的說話方式嘍。

「不，我覺得我害到了妳。講白了就是我太雞婆了。如果我不要有事沒事裝出一副正義使者的樣子保護妳的話，妳就不會被欺負得那麼厲害了。」

就是這樣。當時我是出於善意，然而，善意未必會帶來善果。

那時候我努力想要幫助被霸凌的千幸。

打著正義的名號。

但現實狀況是，我愈是幫助她，她遭受的霸凌就愈是激烈、過分。那時候的我還不了解為何會這樣。霸凌是不對的。既然這樣，只要好好解釋，大家就會懂了，我是這麼想的。

但我如今才明白，在現在這個時代，主張正義要求別人照做的傢伙，只會被當作麻煩又白目的人。結果到頭來，以正義的一方自居的我多管閒事，反而引起了班上同學的反感，將矛頭對準最弱小的千幸。

就這層意義而言，千幸是被害者。

「所以我很抱歉，真的對妳很不好意思。」

雖然現在說這些都沒用了，但我無法忍住不說。

「正義你沒有錯！」

聲音是從我背後傳來的。

我往右邊一看，不見千幸的身影。她不知何時停下了腳步，站在我身後。

「我很高興喔。在你出面維護我之前，我真的好孤單，你知道我有多難受嗎？幾乎已經到每天都想著要怎麼死的地步了。但遇到你之後，我的想法改變了。我沒有想到，世界上有如此直率、純真善良的人。有正義你站在我這一邊，讓我覺得就算是我這樣的人也有活下去的意義了。你主張的正義，拯救了我喔。」

「聽妳這樣說我很高興……但最後還是沒有好結果啊。」

畢竟，沒有任何人得到幸福，無論如何這都是事實。

我所主張的正義，實際上不過是出於自以為是的一廂情願，強迫別人照我的意思做罷了。所以，深切領悟了這一點的我，得知了善意未必會帶來善果的我……決定再也不談論正義。

「是……沒錯啦，最後的結果不好，的確是問題啦。你是因為想要實現你相信的正義，結果卻沒能如願，所以才放棄站在正義這一方的對吧？」

千幸接著說下去。

「既然這樣，只要知道一定能帶來好結果的方法……知道能確實讓大家都幸福的客觀基準的話……你就會重新站在正義的一方了，對吧？」

……我不明白她的意思。不，不是。其實我明白，只是我過去一直視而不見。我腦中現在浮現了某個英雄節目的角色。那個角色是英雄的夥伴，也就是正義的一方的夥伴，和千幸很像，是個好勝、活潑的雙馬尾女生。

不對，其實是相反，是千幸很像那個角色。為什麼我一直不肯正視如此明顯的事情，以為和自己無關呢？我感覺腿都要軟了。

最上千幸，住在我家附近，從小學就認識的青梅竹馬。那個我認識的千幸，原本總是客客氣氣小聲說話，綁著兩條辮子、戴眼鏡，乖巧柔弱的女生。她之所以變成現在這樣活潑的個性，只因為……

「欸，千幸。妳變得開口閉口就是幸福值什麼的，該不會是因為……」

「……」

聽到我的問題，千幸的臉紅了起來。看到她反應那麼大，讓我說不出話。

「…………」

「…………」

我們彼此都不知該如何接話，僵在原地。但千幸打破了沉默。

她突然往前衝刺，跑了起來。而在與我擦身而過的瞬間，

「沒錯喔。」

這句話傳到了我耳中。

我回過神，千幸已經跑到了走廊轉角。她的身影轉眼消失不見，走廊上只剩下我一人。

我不禁懷疑，這是告白嗎？不對，她又沒說她喜歡我。但我又覺得，事到如今還在裝傻的話也太不誠實了。雖是如此，卻還是懷疑，是不是我想太多。總之，唯一可以確定的就是，現在馬上回到學生會室的話，狀況會很尷尬。

……………。

這是學校某處的走廊。

我就這麼呆呆站在這個不上不下的地方，直到夜幕低垂。

第5章 自由的正義「自由主義」

我所就讀的這所學校，是東京都內數一數二的知名私立高中。校方為杜絕霸凌，實施了一項實驗性的政策，那就是「全景監視系統」。要交代這項制度的來龍去脈，得追溯到我當上學生會長之前。

那時我還在念高一，也就是一年前。那一年，我們學校以非常負面的方式，成了全日本最出名的學校。

事情是從網路上炒開的。我們學校有一名深受霸凌所苦的學生自殺了，而他的遺書被公開在網路上。不知道是什麼人、在何種狀況下放上去的。然而，遺書悲慘的內容，引發了網民的強烈關注。

遺書中羅列出各種惡劣、暴力的霸凌行為，讓人不忍卒睹。

凌亂潦草地寫下的霸凌細節多達好幾頁，其中還包括了真實姓名，所以要找出當事人並不難。不久之後，就有許多記者打電話來質問學校，遺書內容是否屬實。

是事實沒錯。然而，校方在一開始承認的事實，僅有「我們學校是有這名學生，他的確自殺了」。至於「因遭受霸凌而自殺」這件事，校方的回答則是「並非事實」。

「自殺的原因嗎?我們不清楚耶。可能是家庭環境的問題吧?不過因為事關個人隱私,嗯,校方介入的話可能不妥。什麼?霸凌?沒有沒有,基本上我們進行調查的時候也有想過這個可能,但並沒有接到這樣的報告。嗯,是的,本校並沒有出現霸凌事件。」

校方完全欠缺危機管理能力。聽到「遺書被公開在網路上」這句話的時候,至少也該有所警覺,當時要是懂得用「等進行內部確認之後再回答」之類的說法應付過去,事態發展或許還不至於失控。然而,接電話的老師,卻低估了這件事的嚴重性,對外一律做出「沒有霸凌」這種官方制式說法,連自己被錄音了都不知道。

結果這成了致命傷。

網路上群情激憤。東京都內的私立名校學生因不堪霸凌而自殺。不只留下悲慘的遺書,連過世後校方還刻意隱瞞。學校要被網路公審,只是時間的問題。

沒多久,這件事在網路上引起軒然大波,而且事態一發不可收拾。

消息是透過社群媒體迅速傳播開來的,然後被彙整成網路新聞,帶動全民的討論,然後又更進一步在社群媒體上擴散。接著，連專門報導貪汙、殺人等聳動社會案件的知名雜誌和新聞網站都注意到了，他們在社群媒體上又帶動起相關話題，引發另一波分享轉發的熱潮。

到了最後，連電視台的八卦節目都專門報導這件事。

我們學校的校名，連日出現在電視上，校門口每天都聚集了大批媒體記者，逼得學校甚至得緊急關閉一段時間。

最後，校方召開了記者會，正式道歉，校長也請辭以示負責，並宣示將防止今後再次發生類似事件、致力於打造零霸凌的校園，總算讓這場風波暫時告一段落。

但網民們並不買單。校長終究只是被聘僱的，學校的經營者，也就是理事長，還是相同的人，並沒有負起責任。

網民們認定，學校只是換個人當校長，腐敗的體質依舊沒變，甚至有人主張「把這間學校逼到關門大吉才對」。

然而，網路上的風波總有一天會平息。只要有新的話題出現，那些激憤的網民就會轉移注意力，迅速遺忘這件事。所以，比起那些和學校原本就不相干、沒有利害關係的網民，真正造成學校陷入危機的，反而是在地的居民：正在考慮隔年是否報考我們學校的學生，以及他們的家長。優秀的學生應該不會想進聲名如此惡劣的學校，家長大概也不會想讓自己小孩來念。更不用說，學費可不便宜。

到頭來，這起鬧得人盡皆知的霸凌事件，使得隔年報考我們學校的人數銳減，造成了實質的傷害。如果這種狀況再持續幾年，這所學校代代相傳的文化、傳統，以及名校的招牌都將蕩然無存。任誰都看得出來，在不久的將來，學校就會經營不下去，只能拚命縮減規模。於是理事長下了一個決定，也可以說是被逼到絕境時使出的猛招：在校內各處裝設網路攝影機。

換句話說，便是實行「全景監視系統」。

「呼。」我嘆了口氣，坐到第一排的位子上。我太早來了，倫理課都還沒開始。不只還沒開始上課，根本連一個人也沒有，就連一向早到的副會長倫理也還沒來。我是第一個到的。而我會這麼早來，就是因為不想遇到千幸，所以下課時間一到，我就衝向走廊，一路跑來這間教室……不過似乎早太多了。

………。

教室裡除了我，沒有任何人。找不到人說話，實在無所事事。就在我還煩惱該怎麼辦的時候，突然感覺到身後有股讓人不舒服的視線。

回頭一看，果然，「那個人」一如往常地在那裡。

那個人：「保同學」。

裝設在校內的「人形網路攝影機」。

網路攝影機也可以叫「實況攝影機」，或乾脆叫「直播攝影機」，可能會比較好懂。簡單來說，攝影機現在拍到的影像，都會直接放到網路上，任憑所有人隨意、隨時觀看。只要是有在上網的人，都可以看到這台攝影機的影像。也就是我現在在教室裡孤伶伶一個人坐著的影像。

啊，對了，有一個更好的詞。

就是「監視攝影機」。

全世界所有人都可以透過網路即時觀看的監視攝影機。

一般人可能會覺得，在裝設了這種東西的地方上學，是一件很不正常的事，但我們已經習以為常了。掩蓋霸凌的事實，對此視而不見的校方為了挽救校譽，打造了這套監視攝影機系統，通稱「全景監視系統」。根據倫理的說法，「全景監視系統」的名稱源自「Panopticon」一詞，這個詞本身與系統的架構都是功利主義創始者邊沁所發明的。

「哎呀，你來得真早啊。」

不知從哪裡突然傳來說話的聲音，我嚇了一跳，連忙回頭，結果是自由學姐。

看到來的人不是千幸，讓我稍微鬆了一口氣。

「咦？正義學弟，你看起來一副有點慶幸的樣子耶。」

她眼睛也太尖了。

「你是不想見到某人嗎？嗯？是誰呢？」

自由學姐邊說著，邊露出在思考的樣子，直接在我右邊坐了下來。

不是左邊，是右邊，這是千幸固定會坐的位置，彷彿在告訴我「全都被我看穿嘍」。

「啊，所以你才這麼早來教室對吧？」

「……呃，不是那樣啦。」

雖然她猜得一點也沒錯，但我實在不甘願就這樣被說中，決定姑且否認一下。

「不過啊，我覺得你這步棋下錯嘍。算你運氣好，早來的人是我……但是『她』也有可能早來不是嗎？」

「啊……」

我不自覺發出了懊悔的聲音。聽她這樣一說，的確如此。要是像她說的那樣……我們兩個就得在空無一人的教室裡獨處了。而且座位就在隔壁，想逃也逃不掉。不僅沒達到原本的目的，根本完全是反效果嘛。

「呵呵，你的反應太逗了，正義學弟。你平常看起來一副正經八百樣子，沒想到也有這麼迷糊的時候啊。嗯，這也算是一種魅力吧？」

自由學姐邊說著，突然直起腰，調整了一下坐姿，靠到我旁邊來了。她的手臂就這麼碰觸到我的手臂。

「呃，自由學姐，妳是不是靠太近啦？」

雖然千幸也都靠得很近，但跟現在的距離可不一樣。我跟學姐的身體已經快要貼在一起了。

「又沒有人看到，有什麼關係？」自由學姐笑出聲。

「有，有保同學在啊。」我支支吾吾地說。

沒錯，連這個當下的影像，也都放到了網路上，不知道有誰在看。

「沒事啦，現在這個時代，這種程度不會有什麼問題啦。看到的人大概只會以為我們是甜蜜又健康的普通情侶吧？」

「不對，這有倫理上的問題，請妳離他遠點。」門口傳來冷冷的聲音。這次我不用回頭就知道了，是倫理。

「咦，為什麼？這樣應該沒關係吧？」

「不行。」

倫理這麼說道，便強行將我和自由學姐拉開，然後坐到了她的老位子，也就是我的左邊。

「欸——有什麼關係？又沒有礙到誰不是嗎？」

雖然嘴巴上這麼抱怨，但自由學姐並沒有再靠過來。對話也就此打住，大家迎來一陣沉默。

……。

總覺得這氣氛很尷尬。或該說，我很不習慣這種氣氛。坐在旁邊的人和平時不一樣，讓我坐得很不安穩。雖說之前坐在旁邊的人也沒有讓我安心到哪裡去啦。

「對了，正義學弟，我來的時候你在看什麼啊？」

自由學姐用她那我行我素的口吻問我。彷彿不論是多尷尬的氣氛，她都感覺不到。

「保同學啊。我覺得自己好像被它盯著瞧一樣。」

我回答。

「被它盯著瞧啊，我偶爾也有這種感覺。」自由學姐表示同感，回頭望向保同學。

「保同學」是男學生造型的人偶，身上穿著黑色學生制服。最貼切的形容，大概是夾娃娃機裡常見的那種頭大大的絨毛玩偶吧。

保同學外觀毫不起眼，沒有什麼明顯特色，感覺就像校園漫畫裡面，出現在背景的路人角色一樣。

唯一讓人有印象的地方，就是它的嘴巴。明明只要正常做成「▽」的形狀就好，不知道為什麼偏偏要顛倒過來，設計成「△」，使得它的表情看起來有些呆。而且在「△」的正中間，還裝置了看起來像眼珠般的攝影機。啊，金字塔造型的三角形，中間有一顆眼珠，這不就是所謂的「全視之眼」嗎？聽倫理說，這個符號似乎也象徵了邊沁思考出來的全景監視系統。邊沁在向世人發表全景監視系統的書中，便畫有這個符號，在中間有眼珠的三角形旁邊，還有「慈愛、正義、監視」等文字。

總之，我們的日常生活，便一直受到保同學嘴裡的攝影機監視，偶爾還會感覺到有詭異的視線從中在注視著自己。

「『全景監視系統』的目的，就是要讓人感覺到視線，不論實際上有沒有人在看。該說一切都照著邊沁的劇本走嗎？」

倫理瞪著保同學說道。

我想起了今天早上倫理向我做的說明。

「監獄？」

我對著在上學途中巧遇的倫理驚呼。

「監獄……就是做了壞事被抓起來、關進去的那個地方對吧？」

「沒錯，就像你說的。全景監視系統的由來——『Panopticon』這個字，原本是邊沁想出來的『監獄』的名字。」

「監獄……」

在晴朗的早晨，正值花樣年華的男女學生，在上學途中開口閉口就是監獄，不知道別人會怎麼想，不過這一帶是寧靜的住宅區，周圍似乎也沒有人，於是我就停止在意這件事。

「那，邊沁想出來的監獄，和一般監獄有什麼不一樣？」

聽到我的問題，倫理豎起了兩根手指。

「有兩個地方不一樣。

第一個是，監獄中央有一座監視塔。

第二個是，牢房是圍著這座監視塔蓋的。

講得直接一點，這是一座『中央有監視塔的圓形監獄』。」

唔。我試著在腦中勾勒出這座監獄的樣貌。在我的想像中，只要登上中央的高塔張望，就能三百六十度全方位監看所有牢房。

「也就是方便監視所有囚犯的監獄嗎？」

「沒錯，重點就在於中央那座監視塔。只要在高塔的頂端派駐警衛，就可以監看所有牢房。」

「嗯，不過我覺得好像有哪裡怪怪的耶。這樣警衛應該很辛苦吧，因為得一直盯著牢房才行。而且雖然從高的地方可以看到全部牢房，可是視線範圍還是有限，像是從背後就看不到不是嗎？」

我腦海中浮現了警衛整天在塔上繞來繞去監視牢房，囚犯則趁著警衛背對自己的空檔做壞事的畫面。這簡直像諧星演的爆笑短劇。

「其實邊沁有針對這一點特別做設計，監視塔裝了百葉窗，從囚犯那邊看不見警衛。換句話說，這是一種警衛看得到囚犯，囚犯卻看不見警衛的單向關係。」

我改用牢房裡的囚犯的角度來思考。牢房的柵欄外有一座高塔，那裡雖然看不到人影……但又感覺好像有人從百葉窗的縫隙盯著自己瞧……永遠都不知道，到底是不是有人在監視自己。

「哇，這真教人靜不下心！」

「嗯，心裡會靜不下來。而且心境一旦產生這種變化，就沒有辦法做壞事了。」

「這是當然的啊。犯人就是因為覺得沒有人在監視自己，才會想要偷偷挖洞逃走，或是欺負同牢房裡比自己弱小的人。如果覺得『說不定有人在看我』就沒辦法了。」

「是的。這種『說不定』帶來的猜疑，正是全景監視系統的精髓。只要讓囚犯覺得『說不定有人在看我』就行，實際上警衛沒有在看也無妨。不，不僅如此，監視塔裡就算沒人也沒關係。」

嗄……沒有警衛也沒關係？

我懷疑這種事是否真有可能。不過我猜，應該是只要能讓犯人產生「說不定有人在看我」的想法，就足以發揮效果了吧？

「舉例來說，正義同學你在一個四周都是雙面鏡的房間裡……房間外面可能有人，可能沒人。在不確定究竟有沒有人的狀況下，你敢脫光衣服嗎？」

「嗯，不敢耶。就算外面沒人，但只要有了『說不定』會被別人看到的念頭，就絕對不可能有勇氣。哇，邊沁還真聰明呢！該說他很懂得人類的心理嗎？這樣的話，警衛的監視工作也可以輕鬆搞定了！」

「嗯，沒錯。從人事費用的層面來看，這樣做也非常有效率。邊沁主張，這種圓形監獄是最符合經濟效益的監獄，應該當作提升人民幸福度的一項政策。而且他似乎還打算最終讓醫院、工廠、學校也都採用這套系統。」

原來如此……的確，這樣應該能有效防止員工偷懶或進行職權騷擾。

倫理的說明，讓我搞懂了全景監視系統。

沒想到學校的監視系統，一開始是為了監獄打造的。

這是一套將「說不定有人在看我」的想法烙印在人的心裡，藉此遏止惡行的系統。

原來如此，我們學校的全景監視系統，正是邊沁的圓形監獄的翻版。

在我背後的保同學……身上的網路攝影機拍下的影像，現在正在網路上播放，但其實未必有人收看。不，根本沒有人在看的可能性或許還高些，畢竟大家哪來那麼多閒工夫。

話雖如此……但也只能說沒有人在看的可能性比較高。然而有人在看的可能性並不是零。

「說不定有人正在看。」只要這樣想，別說絕對沒有人敢在這裡脫光衣服，連欺負同學、動手動腳之類的事也不敢吧。而且我認為，保同學實際上發揮的效果非常大。至少就我所看到的，班上所有的騷擾行為全都消失無蹤了，從體格差異衍生的暴力，到輕微的捉弄都是。

我覺得這件事本身是很好的，這根本就是我小學時求之不得的理想學校。單就這一點而言，理事長的決定甚至可以說是劃時代的創舉。

聽說邊沁看書發現到「最多數人的最大幸福」這句話時，曾興奮地大喊：「我發現了！」該不會理事長也一樣，在得知邊沁的圓形監獄構想時，也覺得：「我就是在找這個！」

不過，理事長推動的這套全景監視系統，當初其實毀譽參半。

理事長向外界宣布，為了杜絕霸凌要裝設網路攝影機時，網路上的反應出人意料地負面，多半都是：

「哇，全面監控、反烏托邦的社會來臨了。」

「太超過了，才不會有人想去念那種學校咧。」

之類的意見。學校也接到了大量來自家長的抱怨（這也是無可厚非，畢竟沒有家長會希望自己小孩的日常生活被放到網路上給人看吧）。換句話說，在那個時間點，理事長並沒有達到他的目的，周遭的看法大概都是「理事長被逼急了，失控了，開始亂搞了」。

全景監視系統不僅沒有幫助學校贏回信任，反而讓大家對這間學校敬而遠之。因此在校的學生們都樂觀地認為，只要忍耐一段時間，這套系統應該就會停用了。

但就在某天，學校出事了。棒球隊的隊長把球扔在失誤的一年級學生身上，怒聲斥責。這段影像被擷取下來，再次透過社群媒體傳播開來。過去因為霸凌問題鬧上電視的學校……宣示要杜絕霸凌的學校……再次傳出了霸凌事件。

這件事原本應該會對學校造成致命打擊。不過，和前一次不同，這次事件反而成為一個絕佳契機，讓學校重建名聲。這次，學校做出了迅速且公正的處置，簡直堪稱完美。首先，校方公開承認霸凌的存在，並主動將包含聲音的相關影像紀錄放上網路。另外，學校找來了棒球隊隊長及他的父母，一同直接向遭到霸凌的受害者與其父母道歉，並給予加害者停學處分。學校甚至還要求棒球隊隊長寫下悔過書，遮去姓名後將悔過書內容公開在網路上。

「完美的處置！」網民們都一致給予讚美。

霸凌是不對的事，在每間學校都是絕對不允許的行為。因此，大多數學校都會選擇隱瞞，不想承認有霸凌存在的事實。但我們學校卻一反這種風氣，認為「霸凌是有可能發生的」，將方針調整為：盡早發現霸凌、做出適當處置。在網民看來，想必這是誠實、光明磊落、合乎道理的做法吧。

在這件事發生一個月後，和我們學校完全無關的另一間學校，發生了學生因不堪社團活動的體罰而自殺的事件，上了新聞。

自殺學生的父母在八卦節目上這麼說：

「如果和那間學校一樣，早點發現霸凌，承認、誠實面對的話，說不定我兒子就不會死了。」

我們學校跌到了谷底的名聲，就在這時開始翻轉，一路攀升。

同時，自殺學生的父母的這番話，也在網路上引起熱議。

「應該強制規定所有學校都要引進這套系統吧？」

「要是我小時候也有保同學就好了……」

「這個就是可以免費觀看女高中生真實日常生活的網站嗎？」

「我要從家裡蹲轉職成女高中生監視員了！」

在網路上一片好評的加持下，理事長眼見機不可失，決定進一步加強全景監視系統，裝設更多保同學。

當然，學生的反應依舊冷淡。畢竟我們是被監視的那一方。我們學校在網路上的名聲愈高，只會有愈多人來監視我們生活的一舉一動。

因此當時的學生會承接了學生的不滿，發起撤除保同學的運動。學生會彙整學生的意見，在全校集會的公開場合勇敢地向校方提出辯論的要求。辯論會召開了，但學生會慘敗，被校方反駁得體無完膚。雙方的主張大致是這樣：

學生會：「一想到有監視攝影機在拍我們的日常生活，心裡根本靜不下來！我們要求撤除！」

校方：「我們考量到了這一點，所以做成學生造型的人偶。希望大家不要把保同學當成監視攝影機，而是當作自己的同學。這樣的話，保同學其實和坐在教室裡看著全班發呆的同學沒什麼兩樣，不會有任何問題，也沒有道理為此感到在意。你會跟同學說『我等一下要欺負弱小的人了，請你出去』嗎？你覺得同學有義務聽從這種要求嗎？如果不是的話，保同學的存在，就和教室裡、走廊上、操場上理所當然會有同學在，有同學在看你一樣，應該可以用平常心看待。」

學生會：「這是侵犯隱私！我們要求撤除！」

校方：「這不構成侵犯隱私的，我們都會在學生臉部打上馬賽克以後，才放到網路上。人臉辨識現在雖然已經是幾乎每台相機都具備的主流技術了，精準度也相當高，但因為我們像這樣打上了馬賽克，所以無法辨識出特定對象，應該沒有侵犯隱私的問題。只有在拍到暴力行為等畫面，接獲通報的時候，才會由校方對沒有打馬賽克的原始影像進行確認。」

學生會：「像這樣持續增加保同學的話，難道不會因為確認影像的人手不夠，最後導致系統徒具形式嗎？我們提案減少保同學的數量。」

校方：「確認影像耗費的人力問題，未來應該會有AI幫忙解決。我們目前正在開發AI系統，如果拍到暴力行為或歧視性發言的話，就會自動偵測出來進行報告，所以你們不用擔心。」

就像這樣，學校的態度始終都是這樣：

「只要你們沒做壞事的話，就不會有問題。」

沒錯，聽起來確實如此，只要不打人、不揍人、不踹人，在學校正常生活的話，就完全沒問題。當然，一舉一動受人監視，可能多少會讓人不自在。可是，學校又不是家裡，是公共場所，理所當然會有同學的視線、老師的視線……這些第三者的視線。如果校方搬出這套說詞，學生仍舊單純地主張「不喜歡被別人看」就說不過去了。

而且，學校還如此主張：

「總好過有人因為霸凌而死不是嗎？」

被這樣一講，我們也做不出任何反駁了。這麼說吧，

（1）撤掉監視器，結果學校有學生自殺。

（2）保留監視器，雖然不喜歡，但沒有人會自殺。

假設硬要從這兩種未來中做選擇的話，大家當然都會選擇第二種。選擇第一種的話，簡直等於承認：寧願有同學死掉，也不肯稍微忍受一點不方便。

最後的結果就是，監視或許會帶來一些壓力或痛苦，但這並不是致命的痛苦，相反地，如果能遏止造成學生自殺的痛苦，那麼採用全景監視系統肯定會增加整體的幸福度。就功利主義的角度而言，這完全是正確的，是正義。

話是這樣說沒錯。

但，我還是覺得全景監視系統是錯的。雖然無法好好用言語表達、沒有辦法說出一番道理，大家在實際上卻都有這種感受。

學生會室外有一個意見箱，接受學生的意見、抱怨、陳情等各種匿名投書。意見箱每天都會收到對於全景監視系統的質疑或不滿，但這裡面幾乎見不到有條理的論述，絕大多數都是單純覺得「不舒服」、「心裡怪怪的」這種模糊的心情方面的敘述。

我很了解那種心情。就連我自己，也無法對於全景監視系統哪裡不好、哪裡讓人討厭說出一番道理，只講得出被監視的感覺不好之類的情緒性意見。

這樣根本討論不起來，也沒辦法跟學校進行像樣的交涉吧。

還有一件事，前任學生會將撤除保同學運動交接給了現任學生會，因此我們必須在訂定好的日期前，做出是否認可系統的結論，並在全校學生面前發表。目前看來，我們實在想不出一套可以否定系統的道理，因此可能會朝認可的方向發展。但這樣下去，絕對會受大家批判，實在讓人心情沉重。總之，就這個問題而言，現在可以知道的是，靠功利主義的思維是無法否定全景監視系統的。畢竟這原本就是功利主義的始祖邊沁想出來的。

換句話說，平等的正義——試圖讓所有人都幸福的思維，並沒有辦法否定全景監視系統。

不過……如果是其他主義，其他種的正義呢？

「我們開始上課吧，今天我們來講『自由的正義』。」

我抬頭一看，風祭老師正站在前方，一如往常準備開始上課。其他學生都已經坐在位子上了，看來我想事情似乎想了一段時間。

往右邊看去，自由學姐還是和剛才一樣坐在那邊。不知千幸怎麼了。我偷偷張望四周，結果發現她坐在自由學姐平時的位子，遙遠的教室後方。我覺得她好像因為自己的位子被坐走了，表情看來有些落寞。不過說不定是我自作多情，她是在意上次被風祭老師針對的事，所以才坐到後面去的。

不，當然也不能說在那之後就明顯避著千幸的我，跟這毫無關係……。

話說回來，自由學姐坐得那麼靠近，我實在不太習慣，而且有種不自然的感覺。不對，這已經超越不自然的感覺了，而是……觸感。嗯？觸感？哇！明明剛才已經被倫理拉開，結果自由學姐的手臂又貼上來了。

「欸……呃，自由學姐，妳靠太近了。」

被倫理發現的話，感覺又會變得很麻煩，於是我小聲地這樣說。結果她回我：

「哎唷，我想說你右邊好不容易空下來了嘛，現在正是好機會啊——」

她像惡作劇般地吐出了舌頭竊笑。

就算是這種只有漫畫裡才會看到的拙劣反應，由美女來做也成了賞心悅目的畫面呢。我飄飄然地看到出神，突然察覺風祭老師正兇狠地瞪著我。哇，老師，不是啦。我和她並不是在打情罵俏，呃，雖然實際上我們的確都貼在一起了。

我感受到老師嚴厲的目光，戰戰兢兢地挺直了背脊，不發一語望著正前方，試圖表達這件事與我無關。至於自由學姐，我則覺得她似乎以挑釁的眼神看著老師。

為什麼？

話說回來，我是因為今年的課才第一次接觸到風祭老師，說不定年級較高的自由學姐之前就已經認識老師了。

老師和自由學姐互瞪了數秒後，很不開心似地用鼻子「哼」了一聲，移開視線繼續上課。

「今天要來詳細介紹『自由的正義』。從名稱就可以知道，這是將守護自由視為正義的立場，而試圖實現這種正義的思維一般便稱為『自由主義』。因為重視自由，所以叫自由主義。大家可能會覺得，從名稱就可以知道這個主義的主張，沒有必要多做說明。但實際上並不是這樣。幾乎可以說，剛接觸自由主義的人，一定都會掉進一個讓人混亂的陷阱。我舉個例子，向有錢人收比較多的稅，分配給窮困者……這究竟是不是基於自由主義，根據尊重自由的主義制定的政策呢？」

咦？我記得這是在講功利主義的時候提過的例子，簡單來說就是已經吃飽的人如果還有多的飯糰的話，就強制徵收，分給餓肚子的人，這樣做可以提升整體的幸福度。那答案應該是這並非自由主義，而是功利主義……吧。

「答案是，這樣是自由主義。」

欸？是喔？我知道這是陷阱題，可是為什麼？這和功利主義不是沒什麼兩樣嗎？

「我想一定會有人無法接受這個答案，我很了解那種心情。向有錢人收比較多的錢，講白了，就像是在剝奪有錢人的權利和自由，很難給人尊重自由的印象。」

沒錯沒錯，我覺得這根本一點也不重視自由嘛。

「那為什麼這樣還稱得上是自由主義呢？原因是，將有錢的人錢分配給窮困的人，其實可以說是在『保障窮困的人可以自由活在社會上』，所以這種行為被稱作自由主義。就這層意義而言，所謂的福利社會——課重稅、對病人及年長者友善的社會，也可以說是出於自由主義的理念。」

欸，是這樣啊。換句話說，讓社會所有弱勢族群，都能平等地自由地活，這種主張就是自由主義嘍？

……。

不對啊，那不就是功利主義說的「平等的正義」嗎？

「但也有一種看法認為，課徵重稅這種事太離譜了，不應該以拯救弱者為名義，奪走他人的自由及財產。有錢人不論財產再多，都是他自己的東西，任意剝奪分配給弱者，根本是小偷的行徑。這種想法，也叫作自由主義。」

喔，姑且先不論好壞，這種想法倒是很有自由主義的感覺。

「那你們覺得呢？是不是感覺愈來愈混亂了呢？肯定財富重分配，打造照顧弱勢的福利社會叫作自由主義；肯定自由競爭，造成弱肉強食、階級差異也叫自由主義的話……自由主義到底是什麼？實際上，政治圈也一樣，雖然同樣打著自由主義的旗號，但兩邊提出完全相反的政策，相互指控、爭吵的例子比比皆是。」

原來如此。自由主義的範圍大成這個樣子，當然會讓人感覺混亂啊。

「就像這樣，初學者很容易對於該從哪邊開始接觸自由主義感到困惑。如果你們想認識自由主義，找了某個學者的書來看，看完以後又去看另外一個學者的書，可能會發現兩本書的內容是完全相反的。當然，也有那種網羅了各種自由主義加以解說的入門書。但其實這裡又有一個會讓人混亂的陷阱。」

老師這麼說道，在黑板上寫了兩個詞。

「Liberalism　Libertarianism」

「你們知道這兩個詞嗎?·Liberalism也可以稱作『Liberal』，或許你們比較熟悉這個說法。」

啊，的確。我有在新聞之類的地方看過「Liberal」這個詞……嗯，不過我不太懂是什麼意思。

「Liberalism和Libertarianism都是表明自由主義的特定立場的專有名詞，這兩個詞都可以翻譯成『自由主義』。簡單來說，剛才提到的打造照顧弱勢的福利社會的想法是Liberalism。鼓勵弱肉強食、自由競爭的想法則是Libertarianism。許多自由主義的入門書為了讓讀者掌握五花八門，甚至讓人混亂的各種自由主義派別，會先試圖說明Liberalism和Libertarianism的不同。可是，卻非常難讓人理解!也可以說很難讀得下去。其實，妨礙我們認識自由主義最大的障礙就在這裡，這個障礙就是──」

老師的話在這裡打住，沉默了片刻。大家聚精會神等待他的說明。而他，以嚴肅的口吻說：

「兩個詞太像了。」

如果是電視上的綜藝節目，這時候可能會有人從椅子上跌下來，做出誇張的反應。但老師一臉認真的樣子，看起來不像是在搞笑，彷彿他真的如此認為。

「Liberalism……Libertarianism……兩個詞的開頭都是Liber，這個地方特別像對吧？Liberalism……Libertarianism……Liberalism……Libertarianism……多講幾次的話，是不是都要搞不清楚誰是誰了？呃，你們可能覺得我在開玩笑，可是你們實際想像一下這樣的敘述，『Liberalism贊成這樣這樣的主張，Libertarianism卻不同意。』『這個政策根本可以說是偏向Libertarianism的Liberalism。』

聽起來如何？自由主義的入門書常像這樣用比較、對照兩者的方式做說明，可是對初學者而言，這兩個都只是陌生的名詞。日常既不會用到，聽起來又很像，看過之後不到一個月就會搞不清楚誰是誰了。」

不對，老師，我已經搞不清楚了。就算現在突然在課堂上說「就像剛才講的，Liberalism和Libertarianism並不一樣……」我也敢保證，我還是跟不上。

「第一章先說明專有名詞的定義，接下來再運用這些專有名詞進行深入說明，這雖然是寫書慣用的方法，可是專有名詞彼此太相似的話，讀者根本記不起來，以這種狀態讀下去只會感到痛苦而已。而且，相似的專有名詞只有兩個的話還能忍受，可是就像剛剛提到的Liberalism也可以稱作Liberal這個例子，這兩個詞還有各式各樣的衍生詞。」

老師在黑板上又寫下了好幾個詞。

「Liberalism　Libertarianism　Liberal　Liberalist　Libertarian」

哇，Liber開頭的字愈來愈多了。如果入門書裡一直出現這種專有名詞的話，我可要舉手投降了。

「還不只這樣。」

嗄？還有？

「使用『Liberalism』這個詞的時候，如果有把它的意義統一一下的話也就罷了，至少這樣只要花些時間去習慣，多少還有辦法搞懂。

可是實際上，Liberalism在歐洲、美國、日本代表的意義都有些微的差異，所以有可能你看了某個人的書，書裡面告訴你『Liberalism是這樣這樣的、目標是打造福利國家』，但另一個人的書卻提出完全不同的見解，否定福利國家。原因就在於，『Liberalism』這個詞代表的意義，會隨你是放在『哪一個國家』的脈絡下討論而不同。」

……這也太難了！

「話說回來，我剛剛忘了提，Liberalism下面還有New Liberalism、Social Liberalism、Neo-Liberalism、Modern Liberalism等各種派別，看書的時候可不能把這些混為一談。」

……我放棄了。我更想說的是，不要又是New，又是Neo的好嗎……？

「所以，我打算完全拋開這些專有名詞來上這堂課。照理來說，如果要教導初學者認識自由主義，通常都會簡單帶過自由主義的歷史，以及各種流派之間的差異。但我認為，剛開始接觸時，把時間花在這上面是錯的。與其一一釐清這些專有名詞間的不同，倒不如把重點放在本質、核心。到頭來，所謂的自由主義，究竟認為什麼是對的？我認為應該先教導你們這個本質上的問題。」

老師這麼說道，一面在黑板上畫起了圖。

「那些各式各樣的Liber什麼的就別管了，把剛才那些專有名詞全都忘了也沒關係。我覺得，想了解自由主義的人只要搞懂以下這兩個東西就夠了。」

老師畫的圖上，寫著「強大的自由主義」與「弱小的自由主義」兩個詞。

嗯？強大？弱小？和剛才講的那些相比，似乎一下簡單了起來。但也不能否認，這聽起來很像小孩子的說法。

「『強大的自由主義』和『弱小的自由主義』，這是我自創的說法，總之你們只要單純把自由主義想成有強的一方和弱的一方就行了。我在這門課想探討的是『強大的自由主義』，最終我也想主張：只有這才是真正的自

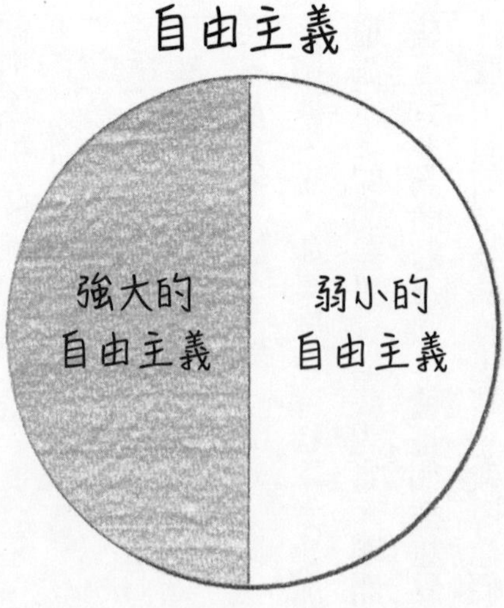

由主義。不過這就留到後面說，我們先來解決『什麼是弱小的自由主義』這個問題。」

弱小的自由主義

「假設現在我們向地球上所有人一一詢問『你是自由主義者嗎？』並將回答『是』的人全部集中到一個地方。那麼，這個自由主義者的集合——當然只是就我的想法而言——還可以細分成『強大的自由主義者』和『弱小的自由主義者』兩群。

被分到『弱小的自由主義者』這一邊的人，數量應該佔了全體自由主義者的大半。乍看之下是彼此意見分歧、沒有任何共通點的他們，其實都有一項共通的思想。那就是『幸福就是活得自由，社會必須尊重個人的自由』。

你們或許覺得這聽起來對極了。但就自由主義而言，不得不說這種思想就是『弱了些』。原因在於，這種思想把幸福放在自由之上。

換句話說，就是『幸福＞自由』。

把這種思想拆解開來的話就很清楚了。

（1）想獲得幸福必須要有自由。

（2）好，那就尊重自由吧。

這是他們的思想邏輯，只要是在這種論述脈絡下尊重自由的話，就表明了對他們而言，最優先的並非『自由』，而是『幸福』。

我們應該有在哪裡聽過跟這個很像的主張……正義同學。」

「是功利主義吧！」

我馬上接著老師的話答了出來。

「對，沒錯。弱小的自由主義者主張的思想雖然用上了自由這個詞，內涵卻是功利主義。原因就在於，他們的目的是增加幸福值，說來說去，最後還是『提升每個人的幸福度』。因此對他們而言，自由不過是增加幸福度的工具、手段而已。要是有某種特定的自由會導致大家的幸福度減少的話，想必他們會毫不在意地限制那種自由吧。在他們的心目中，最重要的是每個人的幸福，到頭來自由不過是第二順位罷了。

換句話說，『弱小的自由主義者』只是空有自由主義之名，實際上根本是『披著自由主義外皮的功利主義者』。」

前面聽到那些不上不下的自由主義論述時，我總會在心裡吐槽：「呃，那是功利主義吧？」而這種分類方式讓我感覺暢快多了。

強大的自由主義

「好，接著來講強大的自由主義。

剛才我把認為『幸福 ＞ 自由』的人分類成『弱小的自由主義者』。之所以稱這些人『弱小』，是因為只要他們將幸福視為優先的話，就不知道他們哪一天會不會因為有什麼狀況而反過頭來限制自由。出於這個原因，我將這定義成『弱小』的自由主義思想。

那反過來說，所謂的『強大的自由主義』又是什麼呢？強大的自由主義剛好和弱小的自由主義相反，宗旨是『自由 ＞ 幸福』。對強大的自由主義者而言，自由和幸福與否並沒有多大關聯，不，甚至要說完全無關也行。強大的自由主義者最在意的，是保護人類被賦予的最基本權利，也就是『自由』，對於後續產生的結果，則完全不加過問。就這層意義而言，強大的自由主義者可以說非常單純。

『不論結果為何，保護自由就是正義；不論結果為何，剝奪自由就是罪惡。』結果、原委、幸福都一概不重要。無論是怎樣的狀況，就算有人會遭遇不幸，也還是一股腦地主張自由，這才是正義。這，就是強大的自由主義。」

真是超乎想像的自由主義。但是，這樣沒問題嗎？

我不經意對上了老師的目光。他的眼神就像在催促我「有問題的話就問吧」，讓我不由得舉起了手。

「那，強大的自由主義是不是也肯定殺人、偷竊之類，明顯會造成他人不幸的行為呢？」

「這個問題問得好，正義同學。會有這樣的疑問是當然的。」

老師一面來回摸著他的光頭，一面這麼說。

雖然是出於自己的催促，但有學生主動發問，似乎讓他很高興。

「關於正義同學的問題，答案是否定的。強大的自由主義認為，這類不當行為是不能做的，是壞事。原因如同先前提到的，非常簡單：就是『不論結果為何，剝奪自由就是罪惡』。如果是功利主義的話，是基於會造成他人不幸，或帶來痛苦等理由否定殺人。但是對強大的自由主義而言，殺人不是因為會造成他人不幸所以是壞事，而是因為剝奪了他人的自由、強迫別人承受非自願的事項，所以是壞事。

因此，我們可以用這句標語，來理解強大的自由主義。」

老師在黑板上寫下了一句話。

「只要沒有侵害他人的自由，就隨心所欲去做吧。」

唔。這就是所謂的「只要沒礙到誰，有什麼不可以」吧？我往右望去，剛才那番話似乎沒有打動自由學姐，她的神情一派輕鬆。

「那被殺的那一方如果是自願的呢？」

這次是倫理出聲提問。

「這是個好問題。強行殺害不想被殺的人當然不用討論。但如果有人要求別人殺掉自己呢？按照強大的自由主義的定義，這個問題的答案很明確，就是『可以殺，也可以不殺，隨你自由』。」

「嗄！」

我不由自主地驚呼。我實在沒想到，倫理課的課堂上竟然會頒發「殺人許可」。

「正義同學似乎覺得我這番話太超過了。不過，既然是對方提出被殺掉的需求，那就算殺了這個人，也就不會是侵害他人自由。不然，我們來思考安樂死的問題好了。假設有一個人生了病，已經沒有希望痊癒了，每天都痛得不得了，於是提出了『我想自殺』的要求。那麼，究竟該不該聽從他的要求？對於協助他自殺的人，我們該不該處罰呢？」

雖然不願去想像，但我還是試著假想自己是那個病人。

……………。

真的是，太難熬了啊……。這種狀況只能說是絕望。對怕痛的我而言，真的會有想死的念頭。但如果身邊的人聽不進我的要求，把我綁起來，硬逼著我忍受劇痛活下去……我真的會感覺，彷彿身為人的尊嚴都遭到了踐踏一樣。

我覺得，在本人提出要求，而且又是無可奈何的狀況下，擁有「尋死的自由」、「被殺的自由」似乎也無妨，畢竟死亡有時候也是一種解脫。如果在這種狀況下，有人願意幫助我自殺……我大概感謝都來不及了，根本不會希望他受罰。

然而——

「不，我不是這個意思。」

倫理說道。

「我想說的，並不是這種存在不得已的因素的狀況。」

「喔，原來如此、原來如此。」

老師表現出十分佩服的樣子。我還沒有搞懂倫理為什麼會有意見，不過老師似乎很清楚她想表達的。

「啊，不好意思。妳想問的，並不是剛剛說的這種，因為某些緣故而只能藉由死亡獲得解脫的例子。妳並不是要討論自殺權，而是更為愚蠢、無意義的例子，也就是愚行權吧？」

「是的。」

「我懂了，那就這樣吧。假設有一個每天都過得很開心的人，某一天他突然一時興起，表示『不知道為什麼我好想死啊——』。這個時候，幫助他實現願望是正確的嗎？妳想問的是這個吧？」

「是的。遇到這種情形的時候，強大的自由主義還是會認為『這是個人自由，所以無妨』嗎？」

「答案是肯定的。這個案例的答案和前面一樣，『可以殺，也可以不殺，隨你自由』。」

嗄！這次雖然沒有驚呼出來，可是我還是倒抽了一口氣。欸欸欸，這樣不對吧？這可是自己沒事想尋死喔，怎麼看都有問題吧。

「正義同學似乎覺得我這番話太超過了。」

即便我沒發出聲音，老師還是注意到我了。

「我先把話說在前頭，我希望你們不要因為『可以殺』這句話太過震撼而困惑，結果卻看不清強大的自由主義的本質。大家一旦被問到『殺人是對還是錯』，總是很容易就情緒性地做出結論，但其實這並不是討論的重點。

強大的自由主義真正要探討的是『愚行權是對還是錯』，也就是『人類有沒有自願追求不幸的自由』。當然，強大的自由主義認為：『有』。

這一點，就是強大的自由主義與其他主義之間明顯的差異，也是你們決定是否要接受這種主義的判斷關鍵。無意義的自殺或自殘行為，都在討論範圍內。希望你們務必思考看看這個論點。」

追求不幸的自由……愚行權……雖然我不是很清楚，但世界上似乎有一種人叫作受虐狂，喜歡被打、被人施以痛楚。我認為這種行為很明顯是愚笨的，也覺得這樣是不幸、不應該這樣做。但是，我自己對這些事的感覺，和「強迫他人不能這樣做」，是兩回事。

只因為我自己不喜歡、只因為在我看來是不幸，就擅自禁止別人去做，終究是不對的。

嗯？等一下。這樣的話，看到別人無意義尋死，我是不是也不能去阻止了呢？畢竟，「無意義的自殺」只是我個人的定義，說不定對當事人而言，是有意義的。

「純粹到極致的自由主義，必定屬於強大的那一邊，所以之後我就會直接稱『強大的自由主義』為『自由主義』。自由主義的原則是『只要不侵害他人的自由，想怎麼做都行』，因此不管任何人在家裡如何傷害自己的身體，或一時興起想從山崖上跳下來，都是他個人的自由，當然必須認可。

如果有人覺得這樣做不對，想強行灌輸正確的價值觀，那就等同是剝奪、限制對方的自由，也可以說是一種暴力、獨裁。自由主義會認為：這就是罪惡。當然，我這種敘述，很有可能會引來自稱『自由主義者』或『自由主義學者』的人士抗議。他們可能會宣稱：自由主義才不是那麼極端的思想。

不過，他們錯了。

那是因為他們是弱小的自由主義者，也就是功利主義者，認為這世上有比自由還應該優先考量的東西，才會有這種感想。可以說，他們根本沒有貫徹真正的自由主義。將人類的自由放在人類幸福或任何事物之上，當作絕對的權利加以尊重，這才是真正的自由主義。」

也就是說，即使看到有人一時興起要跳崖，要說得出「這是個人的自由，沒關係的！不可以硬阻止他！」這種話的人，才算得上是真正的自由主義者嘍？感覺這可是需要相當程度的覺悟啊。

「功利主義肯定對有錢人多課稅、分配給窮人的行為，以及所謂的『財富重分配』或『福利國家』，但自由主義卻完全否定這種政策。舉例來說，假設有一個人獨佔了全世界的財富，現在只要課這個人很多稅，用這些稅來照顧窮人的話，就能讓很多人幸福。但強制剝奪一個人的財產，等於侵害了『自由處置自己財產的權利』，也就是強盜行為，因此自由主義會認為，這是完全不能容忍的政策。換句話說，即使可以增加人類總體幸福、拯救許多人的性命，自由主義的立場仍舊是『不贊同侵害他人的權利』。」

原來如此。這樣聽下來讓我清楚了解到，自由主義和功利主義是容不下彼此的，或該說是完全相反的兩種主義。

功利主義和自由主義。重視幸福的功利主義為了讓大家幸福，即使必須犧牲個人自由強行推動某些事物也在所不惜。因此，從吃飽的人那裡拿走飯糰去拯救飢餓的人，是對的。至於重視自由的自由主義，則不允許剝奪個人的自由，不管有人會變得多麼不幸，都無動於衷。如果有人任意奪走某人的飯糰分給大家吃，就算大家都會變得幸福，這還是一種不正當的竊盜行為。也就是說，

功利主義 → 重視全體的幸福 → 強制個人

自由主義 → 重視個人的權利 → 不強制個人

如果現在問我的話嘛……我應該會投自由主義一票吧，我只是單純不喜歡被強迫。

當我正在這樣想的時候，坐我左邊的倫理舉起了手。「老師。」

嗯？怎麼回事？只是這樣一個簡單的動作，她做起來卻顯得十分嚴肅，或該說散發出壓迫感。我可以清楚感受到她帶有怒意。她肯定在生氣。原因我大概也猜得到。

「明知道眼前的人顯然會遭遇不幸，卻什麼也不做，我無法認為這是正確的。舉例來說，如果有同學想跳樓自殺的話，自由主義主張他要死或不死，其他人要救或不救都是個人自由，怎樣做都可以。我認為這樣明顯違反了道德。」

簡單來說，就是有倫理上的問題是吧？

而且重點是，我們學校真的有人跳樓過……。

「就道德而言，絕對應該要救！」

面對怒氣沖沖的倫理，老師沉默了片刻後緩緩回答。

「如果遵循的是直觀主義……也就是宗教的正義，或許是這樣沒錯。但這在自由主義並不是違反道德的行為。對自由主義而言，唯一違反道德的行為，就是『剝奪他人的自由』，除此之外不存在任何違反道德的行為。自由主義甚至會認為，硬要救人的那一方才是違反道德。說起來，救人也好，或任何事都好，以上對下的方式硬逼、強迫對方照自己說的去做，真的稱得上是正義的行為嗎？」

「可是，」

倫理並不退讓。

「我並不是要在旁人的脖子上拴根繩子，強迫他們去救人。我的意思是，應該要告訴他們，『救人是應該的』。我認為硬逼對方去做，和請求對方應該這樣做是不一樣的。」

「原來如此。那如果對方聽不進去『救人是應該的』這種說法呢？」

「應該要說明救人這件事的正確性，持續不斷說服，直到對方願意理解為止。」

「那還不是一樣？」

出聲的是自由學姐。

「像這樣一直說應該怎樣、應該怎樣，到頭來一樣是在強迫對方，我覺得這也是一種暴力。」

還真是辛辣的意見。自由學姐接著說下去。

「倫理學妹，妳該不會做出每天打電話給中樂透頭獎的人那種事吧？妳該不會跟他們說：『你只是運氣好而已，你應該放棄這些錢，幫助那些快要餓死的人；應該捐出去；應該這樣、應該那樣。』被迫聽這些說詞，損失這麼多寶貴的個人時間，有夠讓人受不了的。基本上啊，會去救的人就是會去救，不會救的人還是不會去救不是嗎？這樣的話，就別扯那麼多了，讓大家自由決定不就好了嗎？」

「那如果有人不知道有懸崖，還一直往那邊走過去；或有人因為不知道毒品的可怕而想吸毒……像這種案例的話又該怎麼辦？如果發現這種人，我們絕對會認為『應該』阻止他，也會覺得可以要求沒有去阻止的人負責。如果自由學姐妳重視的人遇到了這種狀況，身邊的人可以阻止卻沒有去阻止的話……妳能接受阻止、不阻止都是個人的自由嗎？我認為，世界上有比個人的自由更應該尊重的東西。」

副會長和文書突然隔著我針鋒相對起來了。

呃，如果是學生會室的話，老實說，我早就見怪不怪了，可是現在是課堂上，公開的場合。如果我要插進去說什麼的話，可能會被要求以學生會長的身分進行調停（這也已經是司空見慣的事了）。還是先閃到一邊好了。我屏住呼吸、挺直了背，不發一語望著前方，表現出自己和這件事毫不相干的樣子。結果沒想到剛好對上了老師的視線。

「正義同學，你怎麼看？」

造成反效果了。這樣做反而搞得像在表示「交給我解決」一樣。

「這個嘛……」

這時我腦中閃過的是：「的確，我覺得強迫別人去救人似乎不太對，可是把要救不救都當成自由，完全不加限制的話，也是會有問題。」真是不沾鍋的曖昧回答。我打算靠這種說詞脫身，可是回想一下過往的例子，其實沒有一次真的成功過。正因為這種事情我看多了，所以才會知道。含混模糊的發言只會引來反效果。既然這樣……。

「那個……自由主義是如何看待小孩子的自由呢？」

既然這樣，那乾脆拋出另一個問題。我當然不是隨便瞎猜，而是覺得這個問題或許和現在的爭論有共通之處。

「喔！」

老師發出了非常欽佩的讚嘆之聲。

「原來如此，這個觀點很好。確實，自由主義的立場是尊重人的自由，但也認為小孩子或未成年者的行為，應該受到一定程度的限制。不過我希望大家注意，這裡說的限制，是指限制行為，而非限制自由。」

嗯？限制行為，卻不限制自由？

這是什麼意思？我以為兩件事是一樣的。

「自由主義說要限制行為，但又不構成限制自由的根據是什麼？答案是，自由主義認為小孩子『還不擁有自由』。

舉例來說，假設這裡有兩個箱子，一個裝的是餅乾，另一個裝的是炸彈，打開來就會被炸死。如果不知道哪個是裝餅乾、哪個是裝炸彈，然後跟你說，你可以隨便挑一個打開喔……這樣算是『自由的選擇』嗎？不，我們通常不會把這種選擇稱為『自由』，反而可以說是不自由的選擇。自由主義主張『小孩子沒有自由』的時候，指的就是這種狀況。」

這樣說也是啦。如果有小小孩坐在高樓大廈的欄杆上玩耍，自由主義者一定也會阻止這種行為，不會有任何人覺得這是在剝奪小小孩的自由。畢竟，小小孩不知道自己的行為會導致多麼危險的後果。小小孩並不是出於自己的意志自由選擇危險行為的。所以自由主義才認為限制小小孩的行為是正確的嗎？但這樣說來……。

「呃……所以說，主張小孩子沒有自由的根據，是因為他們不具備做出選擇的知識和能力對吧？如果在這種情況下限制行為可以被正當化的話……那麼對那些不知道有懸崖而向那邊走過去的人，或不了解毒品的危險而吸毒的人，某種程度上是不是也可以和小孩子一樣，限制他們的行為呢？」

最後的結論，感覺像是意外統整了自由學姐的意見和倫理的質問。嗯。最終還是在兩方之間取得了平衡，做出完美的收尾。我自我感覺良好地觀察周圍的反應，卻看到自由學姐板著一張臉。完了，她非常不滿。

「為了避免發生危險而限制小孩子的行為，這一點我是贊成……可是要限制到幾歲？」

「嗄？」

自由學姐不是對著老師，而是看著我的臉這樣問。呃，我哪知道……到法律定義的成年，應該最保險吧？十八歲？不對，或許不應該固定在一個年齡，而是到畢業離開學校，出社會為止。

「唉，我是覺得幾歲都無所謂啦，但總之一定要有一個基準，明確訂出大人和小孩的界線就是了。」自由學姐說。

「為什麼？」老師開口問道。

「嗄？因為大人跟小孩的界線曖昧不清的話，只要搬出『你還不夠成熟』這句話，就可以隨意限制他人的行為了不是嗎？因為你太無知、因為你能力不夠，所以你不能自由做選擇、所以要限制你的行為……之類有的沒的。如果真的變成這樣，不管年紀多大，都會因為這樣一句話被剝奪自由，我覺得這樣根本沒有辦法保障自由啊。」

老師說了聲「嗯」，露出沉思的樣子。

「的確，妳說的沒錯。而且，實際上自由主義也是這樣想的。自由主義者之間對於大人和小孩的界線在哪裡雖然意見不一，但總歸來說，只要某人符合了大人的身分，就應該無條件認可他的自由。

大人的定義必須明確。一旦某個人被認可是大人了，他想要主動追求危險與不幸，我們就不能去阻止他。如果沒有明確的定義認可他是大人，我們就可能製造出一大堆藉口，隨自己高興任意限制他的行為。」

「可是，」

倫理開口打斷。

「懸崖和毒品的例子是會有生命危險的，難道不應該像阻止小孩那樣阻止這些人嗎？」

「所以說妳講這種話，就等於認同，要怎麼限制他人的自由都可以嘛。而且啊，都已經是個大人了，還會接近感覺像是懸崖的地方或是去碰毒品……不就是白癡嗎？這種人不管有什麼下場都是自作自受吧？」自由學姐說。

副會長和文書開始針鋒相對了。我剛才的發言，似乎完全沒起到收尾的作用。

「白癡嗎……的確是呢。自由主義的問題，最終還是會走到這一步。」

老師聽到了自由學姐的「白癡」這個詞，感觸良多似地說。

「我們來想想看，駕駛交通工具的時候要不要戴安全帽、繫安全帶這個問題好了。舉例來說，騎腳踏車就算不戴安全帽，基本上也不會有問題。因為一般人都會用正常速度正常騎乘。所以如果只是出門買個東西，在視線良好、平坦的馬路上遵守速限騎的話，會自己負起『不戴安全帽也沒關係』這個判斷的責任。因此，人應該要有不戴安全帽騎腳踏車的自由。

然而……現實生活中，卻有太多做不出這種判斷、太高估自己的人。照理來說，我們會希望這種人做出『我騎車不夠安全，應該要戴安全帽』的判斷，但因為這種人太愚昧，簡單來說就是太白癡了，所以做不出這種判斷。結果最後因為沒戴安全帽又危險騎車而發生意外，丟了性命。

社會上存在著一定數量的這種人，於是政府便宣布：

『所有人在任何情況下騎車，都要戴安全帽。』

當然，對自由主義來說，這就是一種強制，是剝奪自由的行為。」

然後老師轉向黑板，寫下了這些字。

（1）有能、無害的人↓擁有了自由也不會剝奪別人的自由↓保障他的自由

（2）有害的人↓擁有了自由會剝奪「別人」的自由↓限制他的自由

（3）無能的人↓擁有了自由會剝奪「自己」的自由↓該保障還是不保障他（後果自負）的自由？

「第三種，無能、犯蠢的人……好了，這就是自由主義會面臨的問題。自由主義的立場，就是把自由放在第一，對於幸福則不感興趣。因此，針對人的行為，自由主義只探討『會不會侵害到人類絕對的權利：自由』。當然，有些自稱是自由主義者的人，或許無法接受這麼極端的思維，不過我之前說過了，他們其實是弱小的自由主義者，可以不用理他們。我總覺得，不肯遵從自由主義的原理原則，卻又自稱自由主義者、開口閉口自由的人實在很

討厭。我就是討厭搞不清楚事情分類的傢伙。如果他們好好思考一下自己的立場的話，應該先自稱是功利主義者、幸福主義者吧。」

老師忿忿不平地說。他似乎非常厭惡將各種事物搞得很複雜的人。

「回到我們剛才討論的。關於這裡寫的第一種和第二種人，自由主義的結論很簡單。不會侵害他人權利的人，權利可以得到保障；但會侵害他人權利的人，權利得不到保障。換個說法的話，就是只要你不剝奪他人的自由，那就隨便你；如果你去剝奪他人的自由，那就饒不了你。

到這裡為止，應該算整理得非常有條理。

不過，問題是對於第三種的無能的人，該怎麼辦呢？給他們自由的話，他們會妨礙到自己的自由，這種人對自由主義而言簡直是一種矛盾。如果他們是出於自由意志放棄自己的自由，那倒還好辦，可以解釋成：人都有自己的興趣，或是有個人喜好這樣來理解。但如果不是這樣，而是在沒有自覺的情況下放棄自己的自由，又該拿這種人怎麼辦？」

「我認為應該協助、援救他們。」倫理說。

「放著不管就好啦。」自由學姐說。

她們同時說出相反的意見，然後互相瞪著對方。接著，自由學姐先開口。

「援救？具體來說要怎麼做？限制白癡的自由，讓他們無法做出白癡的行為，所以是要制定法律嗎？那不就跟剛才安全帽的例子一樣，連不是白癡的、不相干的人也被牽連進來，自由全都受到限制。制定剝奪自由的法律，去配合程度最低的人，這怎麼想都有問題吧！所以我說啊，這種白癡不管有什麼下場，都是自己的責任。不要管他們就好了啦！」

「可是這樣有倫理上的問題。」

「啥？倫理上？是妳自己覺得有問題吧！」

自由學姐的聲音激動了起來。嗯？我覺得有點不對勁。的確，過去至今已經有好多次，只要是有關限制自由的話題，自由學姐就會像這樣發火。可是就算如此，她都還是維持著一定程度的泰然自若，不會失了自己的風度。但現在的自由學姐，明顯和平常不一樣。她的臉因為激動而變得通紅，語音也些微在顫抖。倫理應該不可能沒察覺到……

「可是，」

倫理還是提出了反駁。

「人生並不是永遠順遂的。原本過得一帆風順的人，有可能因為某些緣故而喪失原本的能力，或出於失落而自暴自棄、做出傷害自己的事。妳、我，或我們重視的人，都有可能遇到這種事。因為運氣不好而變成這樣的人、因為一時失去理智而變成這樣的人、因為先天的弱勢而變成這樣的人……我們有義務對這些人伸出援手。這到底有哪裡不對了呢？」

「唉，那些政客也一樣，為什麼大家都要這樣看弱者的臉色，想打造優待弱者的社會啊？我就講白了吧，真的有必要這樣嗎？」

「妳是什麼意思？是要拋棄弱者嗎？」

倫理的眼神突然變得異常銳利。不妙啊。這時候要是連倫理也激動起來，就更難收拾了。應該說，這個話題要持續到什麼時候，怎樣收尾啊？

「是啊。適者生存，弱者被淘汰，這不是大自然的真理嗎？」

「但那些人也可能並非能力或實力不夠。也有人是因為生病或運氣不好才變成弱者的。」

「運氣就是一種實力啊。抓不到獵物的動物只能在大草原上餓死，不小心掉進沼澤裡的動物，也只能認命。這樣也很好啊。無能的人、運氣不好的人、腦袋有洞的人、不懂得防患未然的人……總之，無法適應環境的傢伙就該被淘汰，這是天經地義。就是有妳這種人主張奇怪的價值觀，這個世界才會變得這麼荒謬。

妳想想看，現在許多國家邁入超高齡化社會，未來會出現很多沒有生產力又生病的老人，他們的醫療費要誰來出？因為老人家是弱者，就有義務要幫助他們，年輕人就理所當然要繳納高額的費用負擔他們的生活嗎？這種拿道德當擋箭牌，強迫年輕人辛苦勞動的社會，稱得上健全嗎？我倒覺得，沒存夠養老金是自己活該，底層的老人沒辦法接受完善的醫療照顧，就這樣倒在路邊死掉，也是自己造成的問題，理所當然，就該放著他們不管。這樣的話，老人和年輕人的比例也會變得比較均衡吧。」

「這太離譜了！」

「可是這是大家的真心話吧？其實大家都希望弱者、白癡、無能的人從社會上消失。就像是，倫理學妹，妳要找人交往的話，應該不會挑一個沒任何能力、一無是處的人吧？挑選有能力的人，就是拋棄敗者的表現。敗者是沒有人要的。就和禿頭又無能，薪水不怎麼樣的老師只能一直單身，無法繁衍後代一樣。」

自由學姐，妳這些話也很誇張啊！而且最後一句好像是衝著老師說的！

雖然我很在意，但這種時候可不能明目張膽地觀察老師的反應，只好裝作在看筆記本的樣子，把視線壓低。我聽到教室後方一陣騷動，似乎是訝異自由學姐這番不尋常的發言，但她不以為意，繼續興高采烈地發表她的演說。

「大家自由做自己想做的事，勝者存活，敗者消失，這種社會很好啊。可是就是有那種把貧富差距當成社會問題，大聲嚷嚷要消除階級差異、要拯救敗者的偽善者，這個世界才會變得不自由、陷入僵局。

所以，說到底——

運氣不好的傢伙、無能的傢伙、白癡的傢伙，這些人啊——」

然後，自由學姐終於說出了決定性的一句話。

「全部都去死啦！」

…………。

自由學姐最後那聲憤慨的疾呼，讓整間教室頓時安靜了下來。

我們是從自由主義該如何對待愚笨的人，開始討論的。

而目前的結論就是：

「白癡都該去死」。

或許該是這樣沒錯。人本來就有分聰明的、愚笨的，愚笨的人正是因為自己的愚昧而吃虧、受傷、只能待在社會底層。這原本都是自己該負責的。如果硬要消除因此產生的階級差異，最後必定會用上「財富重新分配」等強制救濟手段，而這就是自由主義最排斥的行為──

所以……就只能放著愚笨的人不管了，即使他們可能會死，也沒關係。這就是自由主義的原則最終會產生的結論……

但是……這樣真的能說是正確的、正義的嗎？

「呵呵呵。」

我突然聽到和當下氣氛完全不搭軋的笑聲。由於實在太突兀了，因此一開始我甚至聽不出來是笑聲。笑的人是風祭老師。

「原來如此……白癡都該去死啊。」

原本一直默默在一旁聽著的老師，露出像是在嘲笑般的表情，肩膀因為憋笑而不住地顫抖。然後他面向自由學姐，用只有坐在前排的我們聽得見的音量這麼說道：

「就像妳父親對吧？」

自由學姐反射性地拿起桌上的筆記本，朝老師扔了過去。上課時她桌上別說是筆記本了，連支筆都沒有，因此她扔的是我的筆記本。我因為太驚訝而當場愣住，然後教室裡一陣騷動。

自由學姐站起身，朝教室門口走去。我想說些什麼，但張開了嘴卻說不出話。轉眼間她已經走出了教室。

第6章

擴大階級差異、排除弱者是可行的嗎？

——自由主義的問題點

倫理課的隔天。

我走進學生會室，看見倫理站在黑板前，黑板上寫著斗大的字——她條列出了自由主義的問題。這……和功利主義那時候一樣。她又要提議大家一起討論了嗎？拜託不要，我對這種事，實在沒有好印象……。

千幸比我先到，一臉不安地坐著，似乎是在擔心接下來可能會發生的事。

我對到了千幸的眼神。經過走廊上的那段對話後，我們之間似乎變得有些尷尬，幾乎沒說過話，但也不能一直這樣下去。

我下定了決心，在千幸左邊坐下。往右邊看去，她雖然嚇了一跳，但又很開心似地朝我露出微笑。

嗯……她這樣有點可愛呢。我這麼想著，也對她投以微笑。

千幸滿臉通紅，連忙轉頭面向黑板。

這時，自由學姐來了。她看起來完全沒受到昨天課堂上的事影響，哼著歌走了進來。她看到黑板上的字時，頓了一會兒，輕嘆了一口氣，說了聲「好啊，就來說吧」，便坐到位子上。自由學姐一如往常展現出從容不迫的樣子，讓我稍微鬆了口氣。

倫理用力地咳了一聲。「那麼，」她正要慎重其事地宣告例行會議開始。

自由學姐舉手阻止了她。

「等一下，在那之前，我有話要說。」

自由學姐說完後，便開始講起自己的故事。

自由學姐，三年級，學生會的文書及前任副會長。

她是某大財團的千金，曾在國外待過，而且還是個美女。

自由學姐堪稱天之驕女，但她的過往其實比大家想像中平淡。由於出身良好，自然從小開始就一直在學才藝，連和同年齡層的小孩一起玩的時間都沒有。安排自由學姐過這種生活的，是她的父親。她家裡不是由媽媽，而是由爸爸掌管教育大權，尤其在課業方面，更是幾乎寸步不離地親自指導。或許有人會想，這代表家長很用心在孩子身上，但對自由學姐而言，感覺就像快窒息了一樣。

自由學姐說是為了不要忘記，總是隨身帶著自己小時候的照片，她也有拿出來給我們看。照片裡的自由學姐簡直是縮小版的倫理，留著一頭黑長髮，瀏海直直的，宛如一尊精緻的日本人偶。

而她現在的樣子：坐姿總是不正，制服胸前的釦子總是沒扣上，頭髮總是呈波浪狀，還染成淺色，遊走在校規邊緣。

仔細想來，千幸也是一樣，和小時候的反差未免太大了。

不……要這樣說的話，我也沒資格講別人。

「我後來和爸爸吵架了。」

對於自己為何會如此轉變，自由學姐是這麼說的。

她在十四歲念中學時，第一次違抗了一直以來灌輸她各種想法及行為準則的爸爸。原因很簡單，因為她想要自由。出乎意料的是，和爸爸分居，住在國外的母親對此大為支持，於是她便出國留學，成功贏得了自己想要的自由。我這才了解，她會這麼重視自由、厭惡強行灌輸觀念給別人的人，都是父親的高壓教育造成的吧。

但自由學姐的故事在這裡急轉直下。

她父親後來碰了毒品。

「大概是因為被女兒討厭造成的打擊太大了吧。捧在掌心上呵護備至的獨生女，竟然主動決定離開自己。還有，他和後來的伴侶也處得不好。所以嘍，他變得自暴自棄。但就算是這樣，去碰毒品也太傻了吧。」

染上毒癮的父親後來人生跌落谷底，但學姐的語氣輕描淡寫，彷彿事不關己。

可是，她父親最後究竟怎麼了？關於這一點，自由學姐始終沒提起。

自由學姐的父親現在是什麼情況呢？是在住院療養，還是已經恢復正常，在經營事業呢？還是說……

我想起了昨天學姐和老師的對話。

白癡都該去死……。就像妳父親對吧……？

根據這段對話應該可以判斷，自由學姐的父親已經往生了吧。

……

我們在昨天的倫理課的確有討論到，萬一遇上了去碰毒品的笨蛋該怎麼辦。我猜今天應該會繼續這個話題……而且倫理恐怕想要徹底論證：自由主義是多麼違反道德的思想。呃，在聽過了自由學姐的親身遭遇後，這樣不會太沉重嗎？

倫理的眼神還是和昨天一樣不友善。她是仍對於捨棄弱者、白癡都去死的言論感到氣憤難平嗎？感覺她無論如何都會要自由學姐收回昨天那番話。

可是……那樣就又得去挖掘自由學姐內心的傷痛，那些令她難過的回憶。

「那個……」

我開了口，大家都看向我。我想先設法改變話題。

「風祭老師認識學姐的父親嗎？」

這個問題聽起來實在很蠢，不過蠢也沒關係，只要能改變話題就好。這個突如其來的問題讓自由學姐呆了一下，接著，我們聽到讓我們下巴都掉下來的答案。

「喔喔，他們曾經交往過啊。」

「嗄！交往過……跟風祭老師那種人？」

千幸大吃一驚。呃，千幸，妳加上「那種人」也太失禮了吧。

「事實就是如此啊。嗯，不過因為身邊的人反對，他們最後還是分手了。」

哇，是這樣啊。真是人不可貌相……不對，該說她表裡如一嗎？怪不得，我以前就一直覺得自由學姐有種滄桑的感覺，原來經歷過這樣的事啊。嗯──我邊這麼想著，又開始仔細打量自由學姐──

呃啊！

從我右邊飛來了一記肘擊。嗚……真是令人懷念的疼痛。

千幸……妳變得這麼有精神，真是太好了……還有，很好，這樣岔開話題就對了。

「這有倫理上的問題！」

倫理喊道。但她的語氣卻沒有平時的氣勢，感覺好像有點不在狀況內，聲音也不太對勁。該不會一向一本正經的倫理，其實很不擅長聊戀愛話題吧。

「嗯？哪裡有倫理上的問題？」

「唔……」

很難想像倫理會發出這種聲音。她一時語塞，額頭冒出了一些汗，以前從沒看過她這樣子。看來她內心十分糾結。

嗯，我是可以想像啦。「雖說是交往過，但也有可能只是柏拉圖式的關係。明明都還沒搞清楚他們是什麼樣的關係，就說這違反倫理，也太快下定論了。當然，可能有人認為家長和老師談戀愛這件事有違倫理，但如果是柏拉圖式的關係，好像也還說得過去。愛情可以超越身分、職業的鴻溝，也正因為這樣，愛情才如此可貴，不分青紅皂白就一概否定，似乎不太妥當。」

我猜倫理應該在奮力思索這些東西吧。

「不好意思……這是我的偏見。並沒有倫理上的問題。」

過了一會兒，倫理如此表示。她倒是很少表現出這種態度。果然，只要談到戀愛話題，她就沒了平時的犀利。

很好很好，就這樣下去吧。可是——

「我們回來討論自由主義的問題吧。」

倫理馬上在下一秒恢復了平靜。

我想得太美了……原本打算趁勢再多問自由學姐一些問題，讓大家都把注意力放在戀愛、八卦之類的話題，然後成功散會。

「啊，我還想多聽一點風祭老師的事耶！」

千幸瞄了一下我的臉後，稍微提高了音量這麼說道。她似乎察覺我的意圖了，不愧是青梅竹馬。雖然妳應該很不喜歡風祭老師，不過還真是有義氣。哇，我對千幸的好感度突然一下提升好多。

但倫理用力地拍了下桌子。

「要聊戀愛八卦，麻煩開完會再聊。」

倫理冷冷地說。她已經進入了會議模式。

（問題點1）停止財富重分配將造成階級差異擴大、弱者遭淘汰

「首先來複習一下。自由主義的主張很明確，只要沒有危害到他人，就可以隨心所欲。順便告訴大家，邊沁的學生彌爾在《論自由》這本書中也提到了相同的見解，並取名為『傷害原則』。」

「咦？為什麼會是彌爾小弟？他不是功利主義者嗎？難道他背叛了？」

千幸還是一樣，把歷史上著名的偉大哲學家當成自己徒弟看待。

「嗯，這還挺難說的。說他走出了自己的路線，或要說是背叛也可以。彌爾雖然算是邊

沁的學生，但並非只贊成邊沁的理論。」

的確，像邊沁主張用快樂的量來衡量幸福，彌爾就完全持反對意見。

「啊，不過就算是自由主義，彌爾小弟應該也是弱小的自由主義者吧？這樣的話還是可以算在功利主義這一邊……」

千幸很堅持彌爾屬於功利主義的陣營。倫理陷入思考，沉吟了片刻。

「彌爾認為，『自由』是一個人獲得幸福的條件，就這一點而言，或許可以說他是弱小的自由主義者。但他也提出了不少像剛才的『傷害原則（只要不危害到他人，就可以隨心所欲）』那樣，趨近強大的自由主義的主張。

舉例來說，彌爾是用這樣的論述推導出『傷害原則』的。

（1）民主主義是根據多數派的喜好制定法律的，因此少數派的喜好容易受到限制，這叫作『多數暴力』。

（2）一旦『多數暴力』作祟，就會形成個人無法自由追求自身喜好（幸福）的社會，因此要提倡『傷害原則』。

（3）所謂的『傷害原則』是指，『只要沒有危害到他人，就可以隨心所欲』或是『如果沒有危害到他人，就不應該制定出限制自由的法律』的國家治理原則。」

原來是這樣啊。的確很有強大的自由主義的味道。以功利主義的角度而言，想提升整體幸福度的話，應該要排除掉多數派不喜歡的東西，但彌爾似乎是將自由視為優先。

「嗄？是喔。那彌爾是怎麼看待白癡的自由的呢？」

自由學姐馬上提出了直搗核心的問題。

「彌爾認為，沒有教養的人、沒文化的人沒有自由的權利。另外他也主張，沒有經濟能力的人理當禁止結婚，對小孩的教育不用心的父母應該罰錢。」

「哼，彌爾還真不簡單啊，這種高高在上的菁英心態，我也得向他看齊呢。嗯，總而言之，彌爾應該不屬於強大的自由主義吧。」

「是嗎？」

「是啊，不管是白癡、窮光蛋、沒教養的人、沒文化的人，只要是人就要無條件保障他的自由，這才叫強大的自由主義吧？」

「的確……妳說的沒錯。」

「太好了！那彌爾小弟是弱小的自由主義、功利主義這一邊的嘍！」

倫理和自由學姐在輕微的言詞交鋒中展開了前哨戰，結果千幸完全畫錯重點。啊，好祥和啊。討論可以在這邊結束的話就好了。

「那妳到底為什麼那麼不爽強大的自由主義？」

自由學姐依舊緊抓著問題的核心。

「講白一點的話，就是社會上如果只有自由主義，就會擴大階級差異，弱者最終只能死去。」

「所以咧？死了也沒什麼不好啊，至少我是這樣想啦。」

「弱者不用死去的社會，絕對好過放任弱者死去的社會。」

「可是，我覺得為了不讓弱者死去，隨意剝奪他人財產進行重分配的社會才是不好。畢竟，這樣豈不變成為了優待弱者這個特定的少數群體，而去踐踏個人的權利，也就是財產所有權，這等於是在肯定竊盜行為吧？」

「但弱者如果被逼到覺得死也無所謂了，說不定會向社會報復，導致無差別、隨機殺人事件。」

「嗄？什麼？妳的意思是，因為怕弱者抓狂，所以就要給他們錢？這跟屈服於恐怖分子有什麼兩樣。不希望發生無差別殺人事件，所以乖乖聽從對方的要求，交出自己的財產，我覺得這怎麼樣都稱不上是正義的行為耶。」

「……」

真厲害，倫理沉默了。討論功利主義的問題時，由於幸福的定義和計算方式有曖昧不清的地方，倫理有狠狠吐槽的機會，但這時可不一樣。自由主義的邏輯很簡單：只要沒有危害到他人的話，無論如何都不應該剝奪個人的自由。簡單的邏輯強大之處，正是在於簡單。尤其連「弱者死了就算了，有人會遭逢不幸的話也無所謂，沒有事情比保護個人權利重要」這種話都說得出來，就根本無從反駁了。畢竟，無論如何批判、丟出什麼樣的問題，都只會被「不，那種事無所謂，保護個人權利比較重要」一句話堵回來。

「我知道了，那我們進入下一個問題。」

倫理似乎也明白了這一點，於是迅速結束這個話題。

（問題點2）放任責任自負、個人主義造成道德低落

「如果極端的自由主義抬頭，弱者遭到拋棄，難道不會造成『只要自己高興就好，不管他人死活』這種沒有節制的個人主義橫行，最終導致大家都不替他人著想、社會充滿暴戾之氣嗎？」

「妳在說什麼？我搞不懂這中間的因果關係耶。落實了財富重新分配，保障弱者生活的先進國家，就拿日本來說吧，也一樣是個人主義橫行，一大堆人不懂得替別人著想不是嗎？這跟自由主義沒有關係，而是每個人天生個性的問題吧？」

「但是，就算有人遇到困難，也不給予幫助，如果因為這樣，造成自由主義走向極端，社會將比現在更沒有人情味，大家都會把冷漠對待他人，視為理所當然。」

「是嗎？如果貫徹了自由主義，政府不再用『從有錢人那裡搶來的錢』幫助弱者，說不定大家反而會積極成家、交朋友，或是和街坊鄰居打好關係，為未來生病或自己無法照顧自己的狀況先做好準備。畢竟，要是不維持最低限度的人際關係，萬一有什麼事的話，就真的

走投無路了。這樣反倒會產生『重視人與人之間相處』的美好社會呢。可是妳看現在，有多少人不結婚也不交朋友，因為嫌麻煩也不和親戚往來，有事沒事就和鄰居發生糾紛，一路這樣到老？最差勁的是，政府又會出手幫忙，讓他們可以死不了，一直活下去。我覺得這樣更不可取，而且反而助長了極端的個人主義，和他人的往來愈來愈沒必要了。」

「…………」

「妳還另外搞錯了一件事。自由主義只有說：要救、不救都是個人自由，可沒有刻意鼓勵『不救』喔。行有餘力想幫助別人的人，高興要幫的話就去幫啊。說不定促進自由主義，反而會讓捐款啦、自發性幫助弱者的人增加。這只是我猜測啦。但看看現在，政府已經強制要繳稅了，所以就算我們有幫助到弱者，也沒有什麼實質的感覺。我是覺得如果政府不出面，還比較會讓人產生『那就由我來幫助弱者』那種主動幫助別人的念頭。假設真要幫助弱者的話，應該是這樣，還比較健全、自然，符合正義吧。」

「我知道了，那我們進入下一個問題吧。」

好快！

（問題點3）當事人合意所導致的非道德行為

「買賣器官……販賣人口……賣淫……吃人肉，以上行為又該怎麼說呢？一般我們都認為，這些是絕對不可允許、非道德、令人深惡痛絕的行為。但就自由主義而言，只要當事人彼此同意的話，就不構成問題。」

「嗯，沒什麼不好啊。雙方都同意了不是嗎？我覺得沒有任何問題啊。」

「原來如此，那麼……」

「等一下！」

我忍不住叫了出來。這結論也未免下得太快了吧？

「呵呵，正義學弟似乎覺得我說得太超過了呢。」

自由學姐這口吻簡直就像風祭老師。

「可是你們想想看，當事人彼此都同意了喔，那不就什麼問題都沒有了嗎？」

「呃，可是，畢竟……」

自由學姐說的我懂是懂，但情感上就是無法接受。我努力動腦筋設法想出可以反駁的話。

「假設有一個有錢人對生活困苦的人這樣說。『欸欸欸，你就讓我活生生地解剖你吧，我會幫你照顧你小孩的。我最喜歡看別人痛苦的模樣，還有鮮血和內臟了。你不是缺錢嗎？那就答應我吧？』」

我為了增加說服力，盡可能用誇張的語氣說出這番話……但我終究不是專業演員……反而聽起來很半吊子。不管了，接著講下去吧。

「這時候，生活困頓的人為了自己的小孩，就答應有錢人，接受這令人髮指的要求。這到底算不算好事呢？」

「是好事吧？」

「嗄？」

太奇怪了。我原本預期自由學姐會在此時承認自己的主張錯誤，跪在地上求饒的。

「這完全不是好事吧！生活有困難的人可不是因為自己喜歡才這樣選擇，是迫於經濟壓力、不得已的。」

「不對，他只是做出自己想要的選擇吧？如果真的不想的話，拒絕就好啦。」

「我就說他沒有其他選擇啦。」

「不是吧，選擇多得是啊。像是帶著小孩去流浪，沿途大喊『我們活不下去了，請幫幫我們！』也是一個方法啊。說不定會有好心人出來幫忙。」

「有那麼好的事嗎？」

「你敢說絕對沒有嗎？」

「這個嘛……」

我無法斷定絕對沒有。

「對吧？明明可能有無限多類似的選項，卻選擇任人宰割自己的身體……那就是因為自己高興，自由做出的決定啊。既然這樣，我們應該尊重他的選擇才對。而且……說不定他有可能是『從小就希望自己有一天被人活生生解剖』的怪人啊。正義學弟你用自己的價值觀加以否定，認定這種行為令人髮指，這難道不是打壓、不是暴力嗎？」

「唔……」

「你想想看，直到不久前，同性戀都還被視為罪不可恕的行為，尤其在基督教的圈子更是這樣。可是現在譴責同性戀的人，反而變成心胸狹窄、歧視他人的人不是嗎？換句話說，價值觀是會隨時代而變的。結果正義學弟你卻認為自己的價值觀是不容質疑的，硬要別人接受。我認為這絕對是錯的。」

「唔唔………」

「那麼，正義學弟，我要根據這個前提來問你，買賣器官……販賣人口……賣淫……吃人肉，還有同性戀，成年人在你情我願之下做出的這些行為，哪裡有問題了？」

「呃……呃……」

雖然不想承認，但我覺得我被講到無法反駁了。厲害……實在厲害，沒想到強大的自由主義竟然如此厲害……

「欸欸欸，不要不說話啊，正義學弟，我要你回答我的問題。是有，還是沒有？就你自己的立場，就學生會長的立場，說個清楚明白吧。可以的話，我希望你順便把答案放到社群網站上。」

不但厲害，還是個虐待狂。是要我在「是，有問題。就算是你情我願，同性戀還是不對」或「不，沒有問題。雙方都同意的話，賣淫就是對的」兩個答案間選一個，然後放上社群網站是吧。這兩種說法，不論哪一個，聽起來都很可怕。放到網路上的話，我就完蛋了……我的學生會長生涯，不，是校園生活都會直接結束。

誰來救救我啊！

我抱著孤注一擲的想法，向周圍送出求救的眼神，只見千幸將學生會專用的平板電腦放在桌上，正在努力上網查東西……等一下！她根本沒有在查東西，只是用快到不自然的速度機械式地上下滑動畫面而已。可惡！妳只是想表達妳現在很忙，沒空理這件事嗎？

於是我往倫理那邊望過去。她察覺了我的視線，以認真的表情點了一下頭。嗯……雖然平常是個麻煩的對手，但和自己同一邊的話倒是相當可靠。

「自由學姐。」

倫理開口說道。

「什麼？」

「妳主張買賣器官之類，一般人認為不道德的行為，只要是在出於自由意志、雙方合意的情形下做出的選擇，就沒有問題。」

「是啊，怎樣？」

「做出這種選擇的人如果是妳身邊的人……妳重視的家人……像是妳的父親，妳還有辦法說這種話嗎？」

呃……倫理，妳等一下啊，不能提這個吧。我就是不希望變成這樣，所以才想盡辦法岔開話題的呀。

自由學姐大大吐了口氣，然後慢條斯理地說道：

「就算是我爸做出這種選擇也無所謂，我覺得要做什麼都是個人的自由啊。」

「真的嗎？」

倫理還是不放棄。

「就算妳很清楚，妳父親會因為染上毒癮導致身體或精神出現問題，也還是覺得這是個人自由，真心認為不應該強制他戒毒嗎？」

「………」

「難道不是因為妳其實很想阻止他，但卻沒能做到，結果父親去世了，只好說服自己那是父親自由做出的選擇，所以也是無可奈何嗎？」

「倫理！」

這樣講太超過了，我忍不住喊了倫理的名字。

自由學姐慢慢地做了個深呼吸，大概是想藉此平復心情吧。其實她就算發怒生氣，當場離席也不足為奇。倫理的這番話就是這麼白目。不過，幸好自由學姐讓自己冷靜下來了，也展現了身為學姐、年長者的氣度。

我們不發一語，等待自由學姐的回應。過了一會兒，她恢復了平時的表情，然後接著說。

「我說啊，倫理學妹。我希望妳從原理來思考，自己的身體當然是歸自己所有對吧？所以，自由處置自己身體的權利，理所當然屬於自己，也只屬於自己。如果對一個人說，你錯了你錯了，你的身體並不屬於你，是屬於跟你住在一起的家人、栽培你的國家的，這明顯是侵害人權，而且十分荒謬。所以，自己可以，也必須可以自由決定如何處置自己的身體或人生。我認為這是身為一個人的絕對的權利。」

沒想到她會搬出基本人權哪，關於這點還真是無從反駁。

「正因為如此，」自由學姐繼續說下去。

「就算是親子，也必須互相尊重當事人自己做出的決定。倫理學妹，妳應該也不喜歡自己父母不分青紅皂白，就限制妳自己做的決定吧？至少我是不喜歡啦。」

「就算自由學姐妳打算吸毒也一樣嗎？父母或我們都無權阻止妳？」

倫理說話還是一樣直接了當。自由學姐稍微思考了一下。「嗯，先不論我是不是擁有自由判斷的能力的成年人，就假設我已經成年了吧。」她如此表示之後接著答道：

「我覺得如果我現在會想吸毒，一定是有什麼相當的理由，就我看來很重大的理由吧。當然啦，父母或他人有意見的話是他們的自由，但如果我聽了那些意見以後還是決定要吸毒……那我希望他們就不要管我了，而且也不應該再管我。」

人有決定自己的人生要怎麼過的權利，即使再怎麼不幸、在他人眼中有多麼蠢也一樣。這樣講的確是沒錯，如果當事人已經下定決心承擔一切後果，就沒有他人置喙的餘地。畢竟，要提出異議的話，就必須推翻基本人權這項前提。

不過，辯論還沒結束。

「真的是那樣嗎？我對開頭的原理那部分有疑問。」

「嗄？妳該不會要否定自己的身體屬於自己，有權任意處置這項人權吧？」

「不，我沒有要否定這一點。我也認為自己的身體的確屬於自己，有任意處置的權利。

但是，十年後的自己呢？」

「十年後？」

「舉例來說，假設正義同學基於自由意志，宣誓要一輩子當我的奴隸。這是正義同學在自由意志下做出的選擇。而且他也認為，既然如此決定，和我簽下了奴隸契約，就應該好好服從我。可是，對『十年後的正義同學』而言，這可能不是他想要的。換句話說，十年後他或許會後悔：『為什麼我當初要簽下那種契約？』這個案例中，現在的人生被自己老早之前做出的判斷給害到了，這樣不是很荒謬嗎？」

「嗯，別說十年後，三年……不，一年後都有可能這樣。現在的我和未來的我，有可能想法、價值觀都完全不一樣了。換句話說，就像是『他人』。可是我現在簽下的契約，卻可能會限制到未來的我的行為。這等於剝奪了未來的自己，也就是『他人』的自由……」

自由學姐如此喃喃自語，像是在一一確認論述的內容。

「嗯，好吧，我同意。」

她這麼說道，然後講下去。

「不過，這原本就是理所當然的事吧。商業合約也不可能出現『永遠遵守本合約』這種內容，大致上都會註明『每年互相確認雙方意願，若無疑義則續約』之類的。」

「嗯，沒錯。很久以後的自己對現在的自己而言，就像他人一樣，因此我認為現在做出的選擇如果限制了未來的自己的自由，在自由主義上是有問題的。」

「是啊。雖然我個人很想看正義學弟簽下契約，永遠當倫理學妹的奴隸，不過我同意就自由主義而言，這樣並不好。」

「欸！那只要每年重新簽約的話，就可以讓正義當奴隸嘍？」

千幸開口了。妳幹嘛一副興致勃勃的樣子啊。

「那就OK喔！」

自由學姐豎起了大拇指回答千幸的問題。喂，妳們把我的自由意志和人權放到哪裡去啦？

「如果這樣的話，」

倫理一開口，就破壞掉好不容易恢復輕鬆的氣氛。

「難道自由主義不應該否定吸毒嗎？因為吸毒會葬送自己往後的人生，也就是會妨害到未來的自己？」

「啊……」

自由學姐不說話了。理論上來說確實是這樣。如果將很久以後的自己看作「他人」的話……剝奪這名他人自由的行為，的確違反了自由主義。例如，導致十年後的自己罹患重病或死亡的行為，就等於剝奪了十年後的自己這名「他人」的人權，就自由主義而言，必須加以否定。

「我們的確有活得自由的權利，但即使這樣，也還是存在『不能做的愚行』不是嗎？」

原來如此。這種案例等於表示：當事人的愚行帶來的影響並非只有一瞬間，而是在久遠的未來都還會妨害到本人的自由。

「……」

自由學姐沉默不語。

對自由學姐而言，恐怕無法接受剛才的結論吧。畢竟，搬出這套論述的話，連強迫戴安全帽、繫安全帶（自由主義最應該極力抗拒的雞婆又強迫人民接受的法律）也會變得ＯＫ，因為這些行為都是在「迴避未來的危機」。

自由學姐低下頭，眼睛直直盯著同一個地方看，想必是在思考如何反駁吧。不過倫理出聲打斷了她的思緒。

「自由學姐，妳不需要就這一點提出反駁。我只是為了保險起見，才將理論上可以想到的反對意見提出來，我原本並沒有打算依循這套邏輯反對自由主義。況且……自由學姐妳應該隨便想都有辦法反駁這套邏輯吧？」

「是啊，選擇多到我都要煩惱該從哪邊吐槽起了。好啦，那就別浪費時間了，趕快搞定吧。我說，倫理學妹，妳到底是想反對什麼？」

「還是一樣，打從一開始，我想說的就只有『非道德的行為因為有倫理上的問題，所以不能允許』而已。」

倫理果然還是事事以倫理為優先啊。

「倫理學妹……我從以前就一直想問，『有倫理上的問題』是什麼意思？或該說，妳所謂的倫理是什麼？」

「那是無法用言語表達，但只要是人，每個人的內心都應該有的東西……良知……良心。我認為所謂的倫理，就是能夠透過良心看出來的『普遍的善』、『絕對的正義』。」

宗教的正義。

我第一次聽到這個詞的時候，還感覺一頭霧水，但倫理的這一番話讓我完全明白。倫理主張的這種正義的思維正是宗教的正義。換句話說，一件事情的善惡，是在超越人類智慧的地方就已經決定了的，而且這種善惡只能憑藉「良心」這個難以捉摸的概念來感受。也就是說，良心是一種無法說明的思維。這已經不是邏輯，而是伴隨著信仰的「宗教」了。正因為如此——

「普遍的善，妳覺得真的有這種東西嗎？」自由學姐問。

對於不信這個宗教的人，根本完全講不通。

而且正因為如此，信奉這個宗教的人——

「我相信有，並希望自由學姐也要相信。」

會一直不死心地勸人信奉這個無法說明的概念。

自由學姐搖著頭，一臉無奈的樣子，嘆了口氣。

「怎麼可能相信啊？而且我覺得我沒有良心這種東西啦。」

「不，有的。我相信這個世界上存在不會因人而異的『普遍的善』，而且相信每個人都擁有可以分辨出這種善的良心。」

倫理的雙眼直直盯著自由學姐，而自由學姐則露出詫異的表情。

「開口閉口『相信』，這簡直是宗教嘛。」

看來自由學姐也有相同的感想。

自由學姐用誇張的動作揮手，一副「再講下去的話我要受不了了，結束這個話題吧」的樣子，並快速說道：

「呃，信或不信都是倫理學妹的自由啦，不過咧，不管怎樣都只是浪費時間而已。畢竟，這個世界上存在普遍的善，而且我有良心可以知曉這所謂的善，這種事又沒有方法可以確認，所以啊，這件事就……」

「不，有方法。」

倫理一口咬定。接著她在書包裡翻啊翻地，掏出了「布袋」給我們。

我們拿到了黑色的布袋。這是什麼？啊，等一下，我似乎在哪裡看過喔。

「…………」

啊，有了，我想到了。外國電影裡有時會出現……執行死刑的時候套在犯人頭上的黑布——死刑犯用的「頭套」。

什麼也看不見，我置身黑暗之中。……………………。

嗯，頭上套著頭套，所以這也是理所當然的嘛。

「怎麼樣？是不是什麼都看不見呢？」

倫理的聲音在一片黑暗中響起。

「嗯，看不見喔。所以是要幹嘛？」

這是自由學姐的聲音。

「咦？正義？」

然後我聽到千幸出聲，同時還有像是手因為揮空而打到桌子的聲音。跟我預測的一樣，大概是想捉弄我吧。趁著大家都看不到，故意弄人一下，再用「嗄？怎麼了？不關我的事喔」之類的話裝傻。在這些人之中，只有一個傢伙會用這種小學生程度的拙劣手法捉弄別人，而且說真的，掩飾得實在有夠差。總之，看來我料到這一步，先偷偷移動了座位果然沒錯。

我從鼻子發出「哼」的一聲笑了出來。

千幸明顯表現出不爽，然後我又聽到有東西劃過空氣的聲音。一定是朝著笑聲的方向揮拳頭吧……不過這次又被我料到，我已經移開了。

「呿！」

「呃……」

千幸懊惱不已，我則是拚了命地憋笑。玩弄程度比自己低的人還真是愉快啊。原來如此，菁英平時的感受就像這樣吧。

「啊……正義！你在摸我哪裡？」

「嗄？」

千幸的尖叫讓我不自覺出了聲。

還來不及後悔，我的臉已經挨了千幸的拳頭。

嗚……。可惡，竟然使出這招……。我太大意了，被這麼低級的招式騙到。

「你們兩位的打情罵俏請適可而止！」

我聽見倫理不高興的聲音。才怪啦，我們剛才的對話哪裡是打情罵俏？倫理果然不懂戀愛，或該說她的標準太奇怪了。對了，倫理並沒有戴上頭套，所以我和千幸的互動她應該都看在眼裡。當然，現在的我無從得知倫理的狀態，但我確定她拿出來的頭套只有三個。一個給了我，一個給了自由學姐，一個給了千幸。

「那麼，我想要進行一項名為無知之幕的思想實驗。」

「無知之幕？」

沒聽過這個詞。這個「幕」大概是指我們戴的頭套吧。

那無知又是怎麼回事呢？

「美國曾有一位叫作羅爾斯的哲學家，他是讓『正義』這個主題重新在學術界復活的偉大人物。甚至有人說，如果沒有羅爾斯的話，或許關於『正義』的探討，在美國就不會像今天這樣蓬勃。」

喔，是這樣啊。我總有一種美國是個很喜歡正義的國家，總是在討論正義的印象，原來這位羅爾斯有這麼大的影響力啊。

「美國是一個移民國家，因此可以說有許多不同的民族、文化、價值觀共存於此。以前上課不是也有講到嗎？說美國是『民族的沙拉碗』。」

嗯，沒錯沒錯，而且以前的說法是「民族的熔爐」。不過，熔爐這種說法會給人各種不同文化融合在一起，產生出一種新文化的印象，但實際上的情況，應該是各種文化平等共存，並沒有相互混合。因為這樣，而有了「沙拉碗」這個新的說法，我記得社會老師有教過。

「美國的文化如果像這樣，呈現有如沙拉碗的狀態——也就是萵苣是萵苣，番茄是番茄，彼此裝在同一個碗裡，但不會交融在一起——那原本應該不可能產生單一的正義。因為萵苣有萵苣的價值觀，番茄有番茄的價值觀，不存在彼此共通的價值觀。不過，這時出現了羅爾斯這位哲學家，他是這麼說的。『我可以證明，不論價值觀有多大差異，文化、宗教、種族多不相同，只要身為人，就一定存在能夠稱之為正確的價值，也就是正義。』」

「嗄！」

我不禁叫出聲來。我一直認為正義並不存在，就算存在也只是一種場面話罷了，而且相信這是無可撼動的事實。

但難道……世界上真的有正義？

「羅爾斯在他著名的《正義論》這本書裡主張這一點。書中提到了一項思想實驗，可以證明世界上有普遍存在於每個人心中的，共通的正義。」

「就是無知之幕嗎？」

我壓抑著激動的心情問道。

「沒錯。由於這項思想實驗實在太巧妙而且傑出，據說因此在美國開啟了討論正義的風潮。接下來我想進行這項思想實驗，不過在此之前有件事要拜託你們。這項實驗必須靠各位的積極協助才能達成……說得直接點，就是需要想像力，或者也可以說是逼自己相信。」

「逼自己相信？」

「是的。舉例來說，請大家回想一下有軌電車難題。就是那個有一列失控的電車即將撞上五個人，是要對這五人見死不救，或犧牲一個人救這五人的思想實驗。」

嗯，就是那個最常被提起的嘛。我在腦中稍微想像了那個狀況。

「進行這項思想實驗時，單純照道理思考，以及逼自己相信自己就在那當下，可能會得出不一樣的答案。」

這樣啊，那我試試看吧。先假設我不在場的話會做出什麼決定……我應該會從第三者的角度選擇照道理來說看起來正確的那一邊……嗯，是啊，我想我給的答案會是「盡可能減少犧牲者比較好，應該救五個人那一邊」。

那假設我人就在現場的話呢……啊，這就難了。畢竟，這代表了眼前有可以切換軌道改變電車行進方向的操縱桿，而我必須拉下操縱桿切換軌道……等於雖然救了五個人，但我也因為拉下操縱桿而殺害了一個不相干的人。如果我在場的話，真的有辦法拉下去嗎？覺得「選擇犧牲者少的那一邊比較好」，就能乾脆地拉下去嗎？不，我不會這樣做，也覺得我做不到。原因在於，殺害一個本來不用死、與這起意外無關的人，會讓我有罪惡感。

喔，是這樣啊。就像倫理說的，答案的確會不一樣。而且，造成答案不同的原因，或許是我心裡所謂的良心或倫理觀在作怪。

「這類思想實驗往往容易流於用理論、大道理或理想來思考，但真正重要的是『如果自己身歷其境的話會怎麼做』。原因在於，要在實際處於那個情境、感受到壓力的狀況下，良心、倫理觀才會出現，讓人做出真正的選擇。因此——」

自由學姐開口了。「好好好，我知道了。既然都到這一步了，就全都照妳的意思吧。如果我真有良心的話，我自己倒想見識一下咧。所以不管是怎樣的思想實驗，我都會認真當成自己實際的經歷來想像。簡單來說，就是不要做出已經預設了『因為我是自由主義者』這種結論的選擇，而是回答身為一個人、身為我自己，實際上在那個狀況下會做出的選擇，對吧？」

「好，不論自由學姐做出什麼選擇，我都會相信那就是妳真正的選擇，不會有異議。」

「ＯＫ！那我就沒意見了，趕快開始吧。」

「我了解了，不過還有一些話要先說清楚。請大家聽我說明『無知之幕』是怎樣一個思想實驗。

話題回到美國。剛才也講過，美國是一個多民族國家，有許多不同民族、宗教的人共同在此生活。在這樣一個國家，要思考什麼是對的、什麼是正義，當然不容易，因為大家都會想表達各自的立場、各自的正義。例如，基督徒會從基督徒的立場，穆斯林會從穆斯林的立場講述他們認為怎樣才是正確。就像實際上，有錢人也會主張，為了促進經濟發展，應該給予有錢人優惠；貧窮的人會說應該善待弱者，才能打造讓人安心的社會不是嗎？每種立場的人都會像這樣，提出對自己有利的主張，因此會讓人覺得這樣很難產生共識，要得到所有人都能接受的結論，也就是絕對的正義，是不可能的任務。」

我完全同意。不是只有現在，一直以來我都是這麼想的。

「但羅爾斯提出了一個能將不可能化為可能的想法，那就是在全人類的頭上，罩上名為『無知之幕』的魔法道具。」

魔法道具？喔，因為是思想實驗，所以就假設有這樣一種魔法存在是嗎？

「無知之幕，指的是被罩上之後，會使人變為無知的一塊布，是一種虛構的道具。所謂無知，如同字面上的意義，就是什麼都不知道。但這裡說的不知道，只限定於和自己個人相關的資訊。」

「意思是只要蓋上了那塊布，就會對自己的事變得無知嗎？是像失去記憶那樣，不知道自己的名字之類的嗎？」

千幸問道。

「是的。不僅名字，種族、年齡、性別……和自己有關的所有事情都將一無所知。」

「連性別也是？哇，那不就像失去記憶以後，身體被綁起來、丟到黑暗之中一樣。」

「嗯，這個形容很貼切。的確就像一個失去記憶的人，被限制行動、關進黑暗的房間裡。在這種狀態下，無從得知自己是個什麼樣的人。那麼，假設有這麼一種可以使人無知的魔法道具，然後罩在全美國人的頭上，讓大家來討論政治。這時候，他們會打造出什麼樣的社會呢？會將何種法律、何種規則視為正確的呢？」

原來是這樣啊。簡單來說，就是讓不知道自己是誰的人一起決定事情，看會發生什麼事的思想實驗是吧。

「向對於自己一無所知的一群人，提出各種問題，請他們舉手表達贊成或反對，會產生怎樣的社會呢？羅爾斯的結論是，在這樣反覆提出問題的過程中，應該有兩件事會是『每個人都同意是正確的』，那就是自由原理與階級差異原理。

首先是自由原理。由於這些人對自己完全不了解，因此不知道自己出身的背景是怎樣。有可能是基督徒，有可能是穆斯林，有可能是佛教徒。或許是白人，或許是黑人，或許是黃種人。說不定是異性戀，說不定是同性戀，說不定是雙性戀。像這樣不清楚自身的資訊時，他們會支持優待某個特定族群的政策嗎？正義同學你覺得呢？」

「特定族群？」

「像是支持優待基督徒，但排除穆斯林的政策。」

「不，應該不會吧。畢竟不知道自己信的是哪個宗教啊。有可能支持優待基督教的政策，結果政策通過後，把蓋住頭的布拿掉才發現，其實自己是穆斯林。」

「沒錯，大家會不得不這樣做。只要不知道自己屬於哪個宗教、哪種文化、哪個民族，就不可能支持優待或排除特定宗教、特定文化、特定民族的政策。因此可以推測，罩上了無知之幕的人，必定會選擇『不要歧視，要保障自由』這項自由原理。」

原來如此。多數決一般到最後都會變成對人多的那一邊有利，但如果罩上了無知之幕，就一定會設想「我會不會是在被排除的那一邊」這種最壞的狀況，因此不得不遵循自由原理做選擇。

「再來是階級差異原理。這指的是『同意社會上、經濟上的不平等，好讓最不幸的人獲得最大利益的形式存在』，簡單來說，就是『如果最底層的人能得到幫助的話，那即使存在階級差異也無妨』。這樣說可能有點難懂，但如果罩上無知之幕來想像的話，應該就能理解了。正義同學，你怎麼看？」

「嗯，這個嘛……如果不知道自己是誰的話，說不定我也有可能是身體因為意外而有殘疾，結果沒辦法工作，變得身無分文的人。萬一我身處的是『階級差異是天經地義，弱肉強食的社會』，當我拿下了無知之幕，成了躺在病床上、身無分文的人時，下場會慘不忍睹。只要想到這個可能性，我就會希望這個社會可以保障運氣不好或遇到意外、生病而無法工作的人最低限度的生活。至於錢，當然就只能由努力工作的有錢人來出……喔，原來啊，所以才說有階級差異也無妨，反而還不能沒有呢。」

另外再想一想，我也有可能是超級有錢人。如果是這樣，就不能支持沒收全部私有財產，讓所有國民一律平等的政策。所以，雖然認為應該某種程度保護有錢人的財產，但因為我也可能不是有錢人，要在兩者之間取得平衡的話……應該會得出「（因為我可能是有錢人，所以）同意有錢人可以過衣食無憂的生活，不過（我也可能是不幸的人，所以）也希望保障最底層的人能擁有最低限度的生活」這種想法吧。

「是的，這正是階級差異原理。像這樣罩上無知之幕實際進行思考，會得到自由原理與階級差異原理才是正確的……這才是社會正義的結論。這和功利主義、自由主義之類，先訂出一個某某價值觀，再由此得出的結論不一樣。羅爾斯主張，假定大家處在『不知道自己會得到什麼或損失什麼』的狀態，也就是完全公平的狀態下，這時候做出來的選擇，才是社會正義。」

「太厲害了！」

我不禁脫口而出。我很少這樣情緒亢奮、大聲地說話，但我感受到的震撼就是這麼大。

「羅爾斯的思想實驗真厲害耶！他的結論就某方面來說，等於結合了功利主義和自由主義的優點對吧？」

「是啊。自由原理保障了個人自由，符合自由主義的精神；階級差異原理則能幫助處境悽慘的不幸之人，具有功利主義的精神。」

「嗯，雖然功利主義和自由主義都有點醒我某些東西，可是終究太極端，或該說太過頭了。所以我原本認為不管哪種主義，一旦太過頭就會變得不好，說不定所謂的正確其實不是一種極端，而是位在這些主義之間……無知之幕所得出的正義，就是一種取得了平衡，恰到好處的正義！」

這樣一口氣說了一堆話，讓我有些口乾舌燥，因此講到這邊先暫時打住。稍微緩了一下之後，「而且呢，」我又接著說。

「無知之幕並不是單純讓大家在無知的狀態下思考而已，我覺得這也是在為以後要出生的小孩著想！」

「小孩？」

「沒錯，妳們想想看，小孩子沒有辦法知道自己會出生在哪裡不是嗎？可能生在有錢人家，也有可能生在窮人家；生下來或許是健康的，也有可能天生就有缺陷。父母是沒得挑的，也不知道自己會生在哪裡、生下來的狀態會是怎樣。我認為，這項思想實驗也是在思考，該建立什麼樣的社會，才能讓今後將出世的、無辜的孩子過得幸福！」

這或許也可以用輪迴轉世來比喻。沒有人知道自己下輩子會投胎到怎樣的家庭、怎樣的身體去。如果更深入思考的話，或許還會發現自由與階級差異以外的其他原理呢。

「正義，你怎麼了……」

千幸聽起來很詫異。

啊……。我似乎一反常態，開始因為正義的話題而激動起來了。

「就像正義同學剛才的反應一樣，羅爾斯就是有這種讓人覺得『原來如此，這樣思考的話的確能發現正義』進而產生期待的力量。正因為這樣，羅爾斯的思想實驗在全美國掀起了正義的討論熱潮。」

我好像懂那種感覺。我一直認為，人類有各種不同種族及立場，每個人都是獨立的個體，才不會有什麼事能讓所有人都同意。聽到有辦法讓所有人對「什麼是正確的」得到共識，覺得非常不可思議。簡直就像是帶來了浪漫美好的結局，讓人抱有希望。

「因此，我想要實際進行這項思想實驗。」

「等一下。」

自由學姐開口打斷。

「無知之幕是怎樣的東西我是懂了，不過呢，倫理學妹，我可沒有辦法變無知。或許能裝作無知啦，可是到了要判斷事情的時候，一定都還是會根據自己的過去，或知識和經驗來判斷。而且……雖然預設大家都是無知的狀態……但我大概也想像得到，倫理學妹妳會問我什麼問題喔。」

嗯，果然還是要問那個問題嗎……

「還有啊，倫理學妹妳沒戴上頭套，可以看見我們對吧？我可沒有老實到在這種不公平的狀態下，還會誠實表明自己的想法喔。」

「我知道了……那麼，我會背對妳們，保證絕不會回頭看。」

嗄？不看我們？

「什麼意思？倫理學妹妳這樣沒關係嗎？」

「不要緊。但相對地，我要請妳盡可能當自己是在無知的狀態下回答問題。另外，如果同意我的問題，要麻煩妳舉手。」

「我不會告訴妳我有沒有舉喔。」

「那也無妨。」

「欸欸，倫理學妹，那不就沒意義了嗎？」

沒錯，沒有意義。

倫理先是說要進行無知之幕這項思想實驗，但又講她不會確認實驗的結果。這樣的話，進行實驗的意義何在？面對我們的疑問，

「因為我相信我的信念。」

倫理只是用堅定的口氣這樣回答。

「就像千幸同學和自由學姐有她們所相信的主義，我也有我相信的主義。那就是『每個人的內心深處都有相同的良心，只要拿掉表面立場，大家都會抉擇出相同的正義』。我相信這件事。」

原來如此。世界上存在每個人都認為正確的正義，每個人都具有「相信這種正義是正確無誤」的良心。這種正義的思維是以「相信這件事就該如此」為前提，沒有道理可言，可說

是名符其實的宗教的正義。

「我希望自由學姐也了解這一點，所以才請妳實際進行無知之幕的實驗。」

面對如此熱切訴求的倫理，自由學姐只以冷淡的口吻回覆：「啊，不好意思啊，我不了解。我了解倫理學妹妳想表達的東西，只是無法認同。總之對妳而言，這樣做是有意義的對吧？可是，我配合妳這樣做又有什麼好處咧？」

「包括昨天課堂上的事在內，我再也不會提起這個話題。」

「……」

這個交易條件帶了點脅迫的味道。看來倫理無論如何都要讓自由學姐進行這項思想實驗。

不，老實說，都走到這一步了，我也會想試試看。我有點想知道，在處於無知的狀態這個前提下，自己會做出什麼選擇、會有怎樣的倫理觀。

過了一會兒，自由學姐嘆氣說道：

「好吧。我再確認一次，倫理學妹，妳一定要答應我，絕對不可以轉頭過來看喔。」

「好，我發誓不會。」

倫理保證。既然倫理都發誓了，那她應該不會不守約定吧。自由學姐便沒有再多堅持什麼，只說了聲「好」。

「那麼各位，接下來就禁止說話了。首先要請你們什麼都不要想，放空頭腦十分鐘。」

然後倫理便沉默不語。於是我們便在一片黑暗中，被一點聲響都沒有的寂靜所包圍。倫理說要維持這個狀態十分鐘，什麼都不去想，保持安靜。

十分鐘嗎？

什麼都不做，光是等待的話，這時間也不算短。不，由於眼前漆黑一片，沒有可以讓人感覺到時間變化的東西，說不定這和我們平常所認知的十分鐘，已經是不同的時間單位了。

我突然驚覺，這樣不行吧？我差一點就要思考起「在置身於黑暗的空間中，無思想、無感覺的狀態下，時間會是怎樣的概念？」這種哲學問題。我得照倫理說的，什麼都不去想才行。

…………………………。

……………………。

……。

「你的人生，已經在剛剛結束了。」

突然響起了倫理的聲音。

「你的人生，你過去體驗的世界，只是遊戲、虛擬的現實，不過是一種幻覺。製造出這種幻覺的機器，就在剛才關機了。」

「關機……消失……消滅。」

「世界上的一切都消失了。」

「或許你的腦海中，還會浮現過往的記憶。但那些全都過去了，已經沒有意義了。」

「因為，那個人生已經結束了。」

倫理的聲音沒有高低起伏、沒有情感，但卻具有一種不容分說的威嚴，迴盪在黑暗之中。不知道是不是因為長時間處在看不見東西的異常狀態下，光是聽著她的聲音，就覺得自己好像要被她說服了，甚至相信她的聲音具有這種魔力。

「所謂的記憶，只是過去、只是紀錄、只是數據。別管那些了，放眼未來吧。遊戲將重新設定，你的人生將重新開始。」

「但是，沒開始之前，你不會知道你的新人生會是何種狀態。」

「你可能是女的，也可能是男的。」

「你可能是大人，也可能是小孩。」

「你可能是健康的人，也可能臥病在床。」

「你可能是年輕人，也可能是老人。」

「你可能跑得很快，也可能擅長畫畫。」

倫理一連串說出了許多「可能」。不知道是不是有意的，她那單調的說話方式，簡直像在唸經般，讓我不知不覺間開始放空。說到佛經，我曾聽說般若波羅蜜多心經的內容是藉由對所有事物不停念誦「無」，讓人親身感受到「空」的境界。說不定倫理在做的事也一樣。或許她要藉著對所有個人屬性不停念誦「可能」，將我們帶領到某種境界。

黑暗之中只聽得到倫理說出的話。對現在的我而言，倫理的話就是全世界，聽到她的聲音說「可能……」會讓我覺得（畢竟沒有佐證或依據可以否定），可能真的就是那樣。而且，每當我這樣想，我的自我——將我的意識與我自身固定在一起的某個東西——就一步一步地溶解，辨識自己的界線有種愈來愈模糊的感覺。那是一種近似恍惚又近似恐懼的奇妙感覺。

「請回答以下問題。」

倫理說道。我突然警醒，瞬間停止了思考。然後，全心全意只將注意力放在她接下來要說的話上。倫理慢慢陳述。

「你眼前有一對恩愛的老夫婦在走路。他們在溫暖的陽光下一面談笑，一面從你眼前走過。」

我腦海中清楚地浮現了這幅景象。

「這對老夫婦無視『危險，前方懸崖』的告示——或許是沒看到吧——走了過去……你會阻止他們嗎？」

我腦中完全沒有出現人的權利該怎樣怎樣、強制的話會怎樣怎樣之類的大道理。相較於這些，相較於其他任何事，我最直接的念頭是「我想阻止他們」、「應該阻止他們」。

「如果你會阻止的話，請舉手。」

我舉起了手，並盡可能放慢動作，避免被旁邊的人聽到衣服摩擦的聲音。

「下一題。」

接下來倫理又一個接一個地提出了類似的、名符其實的倫理上的問題。我全都舉了手。

然後——

「你的父母碰了會成癮的毒品，你會阻止這樣的行為嗎？」

終於問到了核心的問題。就某方面而言，或許可以說這個思想實驗就是為了這個問題而進行的。話雖如此，這個問題倒是很普通、平實、沒有任何誇大。

我舉了手。

「實驗結束，請把頭套拿下來。」

聽到倫理這麼說，我拿下了頭套。睽違許久的光線令我感到刺眼，甚至懷疑這個世界原本有這麼明亮嗎？

往旁邊望去，千幸和自由學姐也拿掉了頭套，一副覺得光線很刺眼的樣子。

最後的問題自由學姐究竟有沒有舉手呢？

在做這個實驗之前，自由學姐大概會因為侵害他人自由等理由，說什麼都不舉手吧。但是，在罩上了無知之幕的狀態下又會是怎樣呢？會有什麼變化嗎？

答案不得而知。倫理已經保證不會去追問了。不過，和實驗之前相比，自由學姐似乎想通了什麼，露出得到解脫般暢快的表情，說不定她——

「辛苦了。所有的問題大家都有舉手對吧？」

聽到倫理用一種理所當然的口氣這麼說，所有人都驚訝地說不出話，望著倫理的後腦杓。倫理就像她保證的，並沒有回頭。所以我們看到的是倫理背對我們的樣子……嗄？那她這番話又是怎麼回事？

像是要解答我的疑惑般，倫理仍舊沒轉過身，但秀出了拿在她左手上的東西。

「啊……！」

她手裡拿的東西是……學生會用的平板電腦。她就是藉由這個，得知了我們的一舉一動。

我和自由學姐同時回頭往後看，一直監視著我們的「那個人」果然還站在那邊。保同學。

這樣的話，的確不回頭也能知道我們有沒有舉手。只要背對著我們，用平板看保同學拍下的學生會室的影像就行了。

不不不！又不是在玩腦筋急轉彎，妳這明顯是犯規吧！

我代表大家表達不滿。

然而——

「什麼意思？我不是遵守約定，沒有回頭嗎？」

倫理若無其事地回答。她又接著說——

「我完全沒說謊，也遵守了約定。難道這不是事實嗎？正義同學，你認為呢？」

她向我靠了過來。

「呃……」

她沒有說謊，也遵守了約定，這些都是事實。那這樣一來，我該指責她哪一點呢？

「這樣說是沒錯啦……」

我這麼說道，還在不滿地碎碎念時，倫理說了聲「對吧！」便迅速站起身，快步走向學生會室門口。即將走出房間時，她回頭說了那句招牌台詞。

「並沒有倫理上的問題。」

倫理臉上堆滿了笑容。平時她總是面無表情，擺出一張撲克臉，但那笑容此時看來卻開朗又純真，有如花朵綻放般。不過我馬上就回過神來。

不對不對，有問題吧！妳可能因為證明了自己的主張覺得很開心，可是這對自由學姐而言，簡直就是詐騙——

但倫理已經不見人影，像是要逃跑一樣，一溜煙地消失在門外。

我因為擔心自由學姐，瞄了一下她的臉。果然如我想的，她看起來一臉恍惚的樣子，但隨即發出「噗哧」一聲趴到桌上，埋著頭笑了起來。

「哈哈哈，被她擺了一道呢。」

她的反應出乎意料地小。我和千幸不知道她這舉動是出於真心或是在逞強，只好等她笑完。然後，自由學姐依舊趴在桌上，低著頭說：

「抱歉，我說了謊……。我之前說笨蛋都該去死對吧？的確我爸是個笨蛋沒錯……但其實我不希望他死，那還用說嗎！」

最後這句話聲音中帶著顫抖。但自由學姐馬上抬起了頭，露出開朗的笑容，一面說：

「啊——早知道的話，就算哭著拜託也要阻止他啊。」

我和千幸對望了一下，終於感到放心。自由學姐的臉上有些許淚痕，但我覺得她的笑容是打從心底發出來的。如果剛才的思想實驗幫助自由學姐走出了陰影，或是說掙脫了內心的枷鎖，讓她的心得到了自由的話，或許就結果而言，這項實驗是好的也不一定。

但就算這樣，我還是忍不住回頭想：

倫理這次做的事情難道沒有倫理上的問題，難道不是違反正義的行為嗎？

第7章 宗教的正義「直觀主義」

「我們開始上課吧，今天要講的是宗教的正義。」

風祭老師像平時那樣準備開始上倫理課。

對於今天的課，我有一種非常不好的預感。原因在於今天要上的「宗教的正義」是和倫理有關的正義。

千幸是「平等的正義」。

自由學姐是「自由的正義」。

回想起來，老師在教和她們兩人有關的正義時，課堂上都發生了一些事。照這樣看，這次則可能是倫理會發生什麼事，任誰都會這樣猜測吧。

不過，雖然說是出事，但也未必都是壞事。千幸、自由學姐的確因為自己相信的正義被點出了問題，而與老師有些不愉快，但我覺得最終她們卻也藉著這個機會得到了成長。

事實上，她們兩人後來在學生會的會議上，態度都變得更有彈性了，面對校內問題，也能隨機應變提出解決方案。

沒錯，將她們過去以來不自覺地深信的正義攤開來，釐清定義及其中的問題，或許造成了傷害，但我認為這樣做還是有幫助的。

然而——

倫理又會如何呢？當自己相信的正義被指出有問題、遭到否定時，倫理究竟有沒有辦法接受呢？

這該怎麼說呢……就像她存在的證明、自我認同都被否定了一樣。我覺得她會比另外兩人更劇烈抗拒。

所以我對今天的課有很不好的預感。

「宗教的正義。說不定主張這種正義的人，並沒有『自己像是在信教』的自覺。通常我們都認為，所謂的宗教是要信仰某個特定的神明。所以很多人會覺得，只要沒有信某個神明的話，自己就和宗教毫無關係，但實際上並非如此。『宗教性質』跟有沒有信哪個神、有沒有加入宗教團體一點關係也沒有。

那麼，所謂『宗教性質』指的到底是什麼？又該如何區分呢？

我認為，宗教性質唯一的條件，就是『相信存在於物質或理性範圍之外的某個東西』，應該憑藉這一點來分辨是不是已經進入到宗教的層面。」

老師這麼說道，在黑板上畫了一個大大的圓。

「請大家把黑板上這個圓圈，想像成裝得下任何東西的巨大袋子。既然任何東西都裝得下，又剛好有這個機會，那就把我們居住的宇宙全部裝進去好了。」

老師在圓圈內寫上了「宇宙（物質世界）」這幾個字。

「所以，整個宇宙都裝到了這個圓圈裡面……如此一來，不論我們的宇宙現在發生了什麼事、今後會發生什麼事，全都是在這個的圓圈『裡面』發生的事。

接下來要請大家想一想。先假設有一部會隨機打出文章的電腦，裡面已經輸入了所有人類使用的語言、詞彙，這部電腦會將這些語言詞彙隨意拼湊起來組合成文章。打出來的文章大部分都是

沒有意義的，但經過反覆嘗試，還是會出現一些有意義的文章。不僅如此，這樣持續下來，甚至有可能碰巧打出莎士比亞的作品。」

我好像在哪裡聽過這個故事。似乎是讓貓在鍵盤上走動，結果偶然打出了莎士比亞的作品之類的吧？嗯，我是不知道莎士比亞的作品有多長啦，既然可以將文字語言拼湊起來，只要能無限嘗試各種排列組合，總有一天會打出莎士比亞的作品也是當然的吧。

「那麼，我們再把規模放得更大些。假設這部會隨機打出文章的電腦，可以『無止盡』地運作。如此一來，便會打出網羅了所有文字排列組合的文章……不計其數的文章……然後我們再把這數量驚人的文章全部放進這個圓圈裡。」

老師在圓圈內又寫了幾個字。這次寫的是「理性（語言世界）」。

「因此，人類透過思考所能夠創作出的所有文章，現在都到了這個圓圈裡面……這樣一來，就等於今後所有知識分子寫出的每本一書，構思出來的所有說明、所有論文、所有學說，都已經被包含在這個圓圈之中了。」

會寫出無限多隨機產生的文章……所以不論是現在書店裡有的書，或未來會放在書店賣的書，全都已經存在於這個圓圈中了……嗯，應該是這樣吧。

「不只是這樣。你們現在在想的，以及今後可能會想到的事情，同樣都包含在無限排列組合的文章之中了，所以也可以說是在圓圈裡面。」

這規模還真的有夠大。也就是說，總之不管會發生什麼事、想到什麼，一定全都在這個圓圈之內是吧。

「那麼，我要問你們，所謂的善、所謂的正義，是在哪裡呢？正義同學。」

嗯？我不太清楚他的用意。不過既然可能會發生、可能會想到的所有事情都在圓圈裡的話，那當然……

「是在圓圈裡吧？」

我這樣回答。我感覺到了來自左邊的視線，於是偷瞄過去，發現倫理正瞪著我。所以我答錯了嗎？

「坐在正義同學左邊的，是副會長吧？妳認為呢？」

老師詢問倫理。至於我右邊坐的則是千幸，自由學姐又像之前一樣，坐到遙遠的後方去了。

「是，善或正義，是無法用言語或道理說明的。因此，並不是在圓圈之內。如果真在某個地方的話——我認為是在圓圈之外。」

「嗯，的確是啊。『宗教的正義』就是這樣看待正義的。」

老師這麼說道，在原本的圓圈外用虛線畫了一個小圓圈，並在裡面寫上了「善」、「正義」。

「正義同學的回答其實沒有錯，問題是出在主義的不同。

例如，在功利主義——認為『全體的快樂增加才是正義』的思維中，所謂的快樂是『大腦的狀態』這種物理現象，因此當然可以說是在這個大圓圈裡發生的事。而且，功利主義的『增加快樂才是正義』的論點，有寫成文章，是一種思考活動，所以也屬於圓圈之內。

功利主義可說是完全在圓圈裡面形成的主義、主張，對採納功利主義的人而言，『正義』自然存在於圓圈之內。」

原來如此。所以說，宗教的正義認為正義是存在於「圓圈之外」——也就是超越「物質世界」、「語言世界」的地方嗎？

「好，我希望你們現在來思考一下，『為什麼不可以殺人？』這個問題。你們會怎麼回答這個問題呢？舉例來說，或許會有人回答：『活在擔心自己可能會被別人殺掉的社會，會覺得很不安穩，沒辦法安心睡覺。於是大家產生了不能殺人的默契，所以殺人是不對的。』這是偏向功利主義的回答，也是經過理性思考產生的結論，可說是一個在圓圈之內的答案。當然，除此之外應該還會有各式各樣的回答，但無論如何，只要你打算針對這個問題『思考』出一個合理的答案，就全都會是『屬於圓圈裡面的回答』。

那麼，如果是站在『宗教的正義』的立場，會怎麼回答呢？很簡單，對他們而言，根本不需要討論或思考。因為做這種事只不過是在圓圈裡不停打轉而已，但圓圈裡是不存在正義的，所以這種行為毫無意義。他們會毫不猶豫直接『指向』位在圓圈外的正義，然後吶喊：

『殺人是不對的！是違反正義的！這種事不用想也應該知道啊！』」

這台詞真讓人覺得似曾相識。

——那是不對的。

——為什麼不做正確的事呢？

——那種事不用想也應該知道。

在學生會室總是會聽到倫理說出這些台詞。

——有倫理上的問題！

每次聽到這些台詞時，我總會想「那到底是為什麼？」覺得她應該多做些說明。所以從「宗教的正義」的立場來看，不用說明也無妨嗎？

「正義同學，你對剛剛那些吶喊有什麼感想？」

「呃……欸……」

有那麼一下子，我擔心左邊的反應會怎樣，但就算顧慮也沒用。我決定老實說出自己的想法。

「嗯，可以的話我希望再多一點說明，多努力一下，讓別人聽懂他們的想法。不然太過武斷了……呃，會給人一種自以為是的印象。」

我自認為這樣算是講得很直白了。

自以為是。

這種說法雖然有點不客氣，但或許是因為自由學姐那件事，我對倫理使的手段有意見，所以才會這樣說吧。光就結果而言雖然是好的，但其實也有可能會傷害到自由學姐。就是那種時候，我會覺得：「很會指責他人，但都不會懷疑自己做的有沒有錯嗎？這樣未免太自以為是了吧？」

雖然我抱有這些不滿，但心裡還是很在意，於是用眼角餘光偷偷瞄向倫理。她看起來十分錯愕，似乎很受傷。

她這個樣子讓我受到不小衝擊。或許我說得太過分了。但現在也不是打圓場的時機，我只好裝作沒注意到倫理的反應。

「的確是自以為是呢。」

老師重複了我的話。

「但那或許也是無可奈何，畢竟根本無從說明啊。」

我很清楚。因為無法用道理說明，只好不得不強迫別人接受。

但更讓我意想不到的是，老師竟然會幫倫理說話。這讓我不禁脫口而出：

「所以就不用設法說明清楚了嗎？什麼都不解釋就斷定自己說的是對的，我認為這樣有問題。」

聽到我嚴厲的語氣，老師「嗯」地一聲摸了摸自己的頭，思考片刻之後說道。

「正義同學說的很對。但即使如此，恐怕還是只能說『無可奈何』吧。沒辦法說明的東西就是沒辦法說明……」

老師在黑板上寫了一個詞並唸出來。

「休謨法則。」

他轉身面向我們，開始說明。

「休謨法則是一個哲學名詞，又叫作『休謨斷頭台』，是哲學家休謨提出的主張。他認為，無論怎麼排列組合人類語言的詞彙，都無法『理論性』地推導出『應該要』這個詞。只要仔細思考就可以明白這個道理。我們準備好幾句『A是B』這種敘述的句子——例如『哺乳類是用肺呼吸』之類的——經過理論性的排列組合，可以推導出一句結論，像是『海豚是哺乳類』等。但反過來說，也就只能做到這樣。不管怎麼排列、組合『A是B』，都無法推導出『A應該要是B』這種敘述的句子。」

「可是『A應該要是B』這個句子本身，是存在於圓圈裡面的吧？」

「是這樣沒錯。不過，單憑圓圈裡面的東西，是絕對無法透過理論性的過程讓這種『應該要』的句子變成『正確』的。雖然休謨證明了這一點，但只要稍微想一下就會知道，當然是這樣。不管把多少個『是』加在一起，都不會變成『應該要』。這是理所當然的道理。」

嗯，或許是那樣沒錯。但要說到這個地步的話，從功利主義開始到現在，所有關於正義的討論、上課內容，豈不全都白費了嗎？

千幸、自由學姐雖然受了傷，但也對「正義」有了更深入的思考。我覺得這些好像全都被否定了，感到有點頭暈。我望向了寫在圓圈外面的「正義」兩個字。

「但是，如果不談道理或理論，相信『宗教的正義』的人，要如何了解這種『正義』？」

「這的確會讓人產生疑問。既然正義是無法說明的，那又要怎麼了解它呢？答案很簡單，直接去『看』位在圓圈外面的正義就行了。這種理解正義的方式就叫作『直觀主義』。」

老師在黑板上寫下了他剛剛說到的名詞。

「直觀主義的『直觀』……可以想成『直接看』。換句話說，就是跳過思考的階段，直接用看的去認知正義這個概念的意思。」

直接看。

直接看？

不行，我一點頭緒也沒有。

「呃……我不懂直接看是什麼意思。」

「正義同學。」

倫理出聲叫了我的名字。

「正義同學，這支筆在你眼裡是什麼顏色？」

她這麼說道，將一支自動筆拿到了我眼前。

「欸，紅色。」

「正義同學，殺人是好事嗎？」

「不對，是壞事吧。」

我沒有去思考她問這些問題的用意，便反射性地回答。

「沒錯。」

倫理像自由學姐那件事的時候一樣，很開心似地露出了笑容。

「這就是『直接看』。」

不不不，顏色、味道這種感官層面的「直接看」，和用常識對道德問題「立刻判斷出答案」完全是兩回事吧。這樣說吧，那像有軌電車難題那樣困難的情況，又要怎麼直接看咧？

「我懂了。正義同學可能會感到不滿，但以直觀主義者的角度來看，直觀的定義大致上就像副會長示範的那樣。良心——只要身為人理論上都具有的道德觀，或類似的東西——不經考慮而直接、瞬間感受到的『正確之事』……這就是直觀主義的正義。」

老師補充。但就算這樣，我還是無法接受。

「但我認為，誰能保證那種自己感受到的『正確之事』，不是個人的一廂情願呢……？話說回來，在圓圈之外……凌駕於道理之上的地方，真有所謂的『正義』嗎？」

沒錯，雖然最近已經忘得一乾二淨了，但我原本可是個認為正義根本不存在的正義懷疑主義者。

這堂課一路上下來，我最近開始像以前那樣，慢慢找回了對正義的興趣，現在也會在課堂上主動發言了，但我原本應該不是這種人的。

「…………」

聽到我的問題，倫理露出了不可置信的表情。簡直就像宗教人士被問到「神根本不存在吧？」的時候做出的反應。

「正義同學，你說得太好了！」

結果老師不知道為什麼突然亢奮起來，大力讚揚我。

「就是這個！這就是一切的關鍵！這可以說是思想史、西洋哲學史最大的主題，人類兩千五百年來一直在思考這個問題！」

我覺得自己只是提出了一個單純、普通，理所當然的疑問而已，老師那麼大的反應讓我充滿了困惑。但他並沒有理會我，而是回過頭去，把剛剛寫在黑板上的字全部擦掉，由上往下畫了一條直線。接著他在線的右邊寫下了「相對主義」，左邊寫下了「絕對主義」。

「接下來要和大家談一談哲學史。」

相對主義 VS 絕對主義

「要上哲學史的話，原本應該從古希臘時代開始，由古至今詳細說明每位哲學家的主張……但這樣你們絕對聽到一半就膩了。學歷史最重要的，是先粗略地抓住大方向。所以今天我就不講那麼細，只介紹概要，全部快速帶過就好了。

歷史

絕對主義

世界上存在可以稱為
絕對的正義、善！

理型論

世界上存在絕對
且完美的善的概念！

唯實論

絕對且普遍的善
存在於世界上！

理性主義

只要理性思考，
就能證明絕對的善的存在！

相對主義

世間萬物全都只是相對的！

原子論

這個世界不過是細小的顆粒
（原子）集合而成的！

唯名論

「善」不過是人類為符合社會
利益的行為取的名稱罷了！

經驗主義

善不過是從經驗創造出來的，
標準因人而異！

其實學習歷史的意義也正在於此。在我接下來要介紹的歷史潮流演變中，你們會發現『雖然時代在變，但人類的所作所為並沒有變』。再說得更明白點，就是會發現『人類普遍的煩惱』、『永遠的課題』。」

不論哪個時代，人類都一直在煩惱嗎……？

儘管時過境遷，人類的所作所為並沒有任何改變……我記得以前有一部動畫的開頭就是這句話，想必歷史的意義就是學習這樣的教訓吧，或該說，這是我的希望。我已經受夠被逼著背那些毫無意義的歷史事件和年號了。

「我寫在黑板上的這兩種主義，相對主義和絕對主義……這是很久以前的古代，大約兩千五百年前興起的哲學思想。從線的左右兩邊，你們應該就可以知道，這兩種主義是對立的。換句話說，兩者的內容完全相反。

那麼首先來講右邊的相對主義。

這是一種認為『一件事物的價值取決於和其他事物的關係，不存在絕對』的思維。舉例來說，我手上拿著的粉筆，是『大』還是『小』呢？像這樣用手指就能捏住，對我而言或許是『小』，但在螞蟻眼中則會顯得非常『大』。還有，我們現在所在的地球，能說是『大』

嗎?不,所謂的『大』只是對我們而言罷了。即便是太陽,與整個銀河系相比,不過跟一粒砂一樣,可說是極為『渺小』。

到頭來,大、小、冷、熱、善、惡……不論什麼,這些價值判斷都不是絕對的,而是取決於和進行判斷的對象間的相對關係。簡單來說,不過是一種因人而異的標準罷了。」

原來如此。這個道理非常好懂。不過,這是兩千五百年前的東西對吧?那是一個還沒發展出科學的時代,所以我原本以為那時候的人腦袋裡都是些「世界是烏龜撐起來的」之類的奇怪觀念,冥頑不靈地迷信或崇拜宗教。但沒想到,當時就已經有「價值觀會因人而異」這種現代的觀點了。

「至於和相對主義對立的,則是絕對主義。

絕對主義和相對主義相反,認為『這個世界上確實存在絕對的正確、絕對的善之類的東西』。主張絕對主義的,便是著名的蘇格拉底。」

蘇格拉底。

即使是毫無哲學知識的我,也知道這個名字。講到哲學家,最先聯想到的人大概就是他了吧。

「蘇格拉底身處的時代，是相對主義佔優勢。當時『正義是會隨國家或人而變的，所以沒有絕對正確的東西』這種想法十分流行。這時，蘇格拉底出現了。他強烈主張『不對不對，絕對的正確、絕對的正義是存在的』，並勸誡人們要『活得美好』。講白了，就是叫大家要『追求正義而活』。但就當時的潮流而言，這種說教般的大道理卻讓人聽了不太舒服，結果，蘇格拉底因為不得當權者的歡心而遭誣陷入獄，最後被判處死刑。」

死刑……。呼籲大家行善，結果招來厭惡而被判死刑嗎。我非常感同身受啊。

原子論 VS 理型論

「然後，經過時代演變，又產生了新的對立，就是原子論與理型論的對立。所謂的原子論，是認為『物體經過不斷分割，最後會成為無法再分割下去的小顆粒，名為原子，所有物體都是由這種顆粒所組成』的一種想法。

這種原子論可以說是我們現代所講的唯物論。也就是，這個世界是物質集合起來所組成的，別無其他可能。當然，順著這個道理講下去的話，大概會變成善或正義在本質上都不存在了。舉例來說，請大家想像一下由齒輪運作的人偶。人偶不過是物質的集合，遵照物理法則機械式地運作，因此『善惡』的概念無法套用在人偶的行為上。原因在於，物理法則並不存在『善』與『惡』。例如，蘋果因為地心引力從樹上掉下來，應該不會有人去爭論『這是好事』、『不，這是壞事』之類的吧。所以，就像我們無法說『鹽溶於水是好事、是正義』等等，如果包括人類在內，世界上的一切都是依照物理法則運作的顆粒的集合，並且是機械式運行中的裝置的話，『善惡』、『正義』的概念一開始就不可能成立了。原子論和剛才提到的相對主義，差不多是同時代的東西。在那個沒有顯微鏡，也沒有化學知識的時代，就已經有這種唯物論式的世界觀了，實在令人驚嘆。」

的確如此。如果我生在那個時代，我有辦法想出「我們身處的世界、人類，都只是機械式運作的顆粒的集合體」這種一針見血的理論嗎？相對主義也是，在久遠的古代，就已經有人看待世間事物到如此理性、不帶感情的地步，真是教人驚訝。

「和原子論對立的，則是蘇格拉底的學生柏拉圖想出來的理型論。所謂的理型，指的是idea，也就是概念。理型論簡單來說，可說是一種認為『善或正義等概念（理型），是真的存在於超越物質的世界』的思維。」

超越物質的世界……？

我的腦袋裡瞬間閃過了各種問號，但想起老師先前提到的「圓圈之外」的那番話，疑問就消失了。

簡單來說，就是主張在一個超越了物體、道理的框架，不是這個世界的地方，真的有「善」、「正義」這些東西存在的意思吧。

嗯……。可是，真是這樣嗎……？

「嗯？正義同學，你看起來好像無法接受剛才的說明是嗎？」

「啊，不是，我只是覺得，就算主張這些東西『存在』於看不到也摸不到的世界，可是誰也沒辦法證明……」

「的確是呢，你的疑問是對的。這就像是在說有一個超越物質世界的靈界，在那裡有幽靈一樣。」

「這個叫柏拉圖的人明明沒有實際看到，為什麼還敢這樣主張呢？」

「他的理論是這樣的。例如，我們沒有在日常的世界中看過完全的善。我們也知道，在不同國家和不同文化中，對善的定義是不同的。實際上，像復仇在某些國家是善舉，但在其他國家是惡行。

換句話說，我們無法具體指出有哪種善行是絕對的，是每個人都能接受、放諸四海皆準的。

但另一方面，我們卻可以和他人討論什麼是絕對的善。

為什麼我們明明沒看過、沒摸過，甚至人生中一次也沒遇過，卻能互相討論什麼是絕對的善？這是一件很不可思議的事。會不會是在非日常世界中的某個地方，存在著絕對的善，並且以某種形式影響著我們呢……？嗯，大概就是這樣的邏輯。」

什麼啊。感覺就像在假設之上再做假設的空話。

「你看起來好像還是不能接受是吧？那我換個方式說明好了。正義同學，你知道三角形

「呃，就是不管什麼三角形，三個角的角度加起來一定會是一百八十度是嗎？」

「沒錯。那麼正義同學，你覺得就算人類不存在，這個定理……或是說這個法則一樣成立嗎？」

「這個嘛，應該是吧。不管有沒有人類存在，只要有三角形，這個定理就一定成立。」

「這樣的話，三角形的定理在地球形成前就已經存在了。或更進一步，甚至可以說在宇宙誕生的瞬間就已經存在了吧？」

「不管有沒有人類，這個定理原本就已經存在了，所以講得極端點的話，應該是吧。」

「那我要問你了，這個三角形的定理，究竟存在於什麼地方呢？」

「嗄？什麼地方？」

我答不出來，只好把問題重複一次。

仔細想想，三角形的定理本身肯定是存在的，但又不是看得到、摸得到的東西，所以不算是存在於這個世界的物質。當然，也不能說它「不存在」。既然這樣……

「數學界……之類的嗎？」

我被逼得無路可退，結果說出這個奇怪的名詞，在教室引起一陣笑聲。

「我明白了。這個數學界，應該是飄浮著所有數學定理，像是異次元空間一樣的地方吧。如果是這樣的話，那可以說和柏拉圖的想法是一樣的。」

老師並沒有展現輕蔑之意，而用柔和的口氣說著。

終究還是會變成那樣嗎？一旦說出了看不到、摸不到的東西是「存在的」，就等於我也預設了一個超越物質的世界。

「那像我這個說法如何呢？從宇宙誕生的瞬間開始，三角形的定理這項法則，就已經以某種形式存在了。後來有了人類，察覺到這個定理的存在……如果是這種說法，正義同學應該就能接受了吧？」

這樣說的話我倒是可以接受。我點了點頭。

原來如此。所以世界上還是有雖然看不到、摸不到，但很明顯「存在」的東西嗎？

「那麼接下來要進入正題了。我要請你們把我剛剛說的話之中，把三角形的定理的部分換成『善』這個詞。也就是，從宇宙誕生的瞬間開始，『善』這個概念，就已經以某種形式存在了，人類後來察覺到了它的存在。像這樣思考，到底可不可行呢？」

道理本身我是明白啦……

呃，但我覺得還是有點說不通。

老師用目光示意我回答，於是我開口說道。

「嗯，我覺得善或正義和數學定理不一樣，只是人類創造出來的概念。所以如果沒有人類的話，應該就會消失了……」

「我懂了。沒有人類的話，善的概念就不存在。所以，認為在人類出現之前，善的概念就已經存在，這種主張是有問題的，你是這個意思吧？或許的確是這樣。不過，就算假設人類滅亡了，幾千億年後，在一個完全不一樣的星球上，誕生了和人類完全不同的智慧生命體，難道他們不會擁有和我們相同的『善』的概念嗎？」

在別的星球的外星人，擁有和地球人相同的『善』的概念？這番話也真是神展開。假設有其他生物，和人類一樣會思考……討論這個到底有什麼意義啊？

「啊，不好意思，我好像有點離題了。這個話題留到之後再說吧。總之，理型論的立場是『在有人類之前，善的概念就已經存在於宇宙之中了』。不論大家聽了是否贊同，柏拉圖就是這樣主張的。」

唯名論 VS 唯實論

「理型論的說明有點拖太長了，大家打起精神，繼續看接下來的歷史吧。後來，歷史從西元前邁入了西元後，基督教席捲歐洲，中世紀持續了約一千年之久。思想史在這個時代最著名的事件，便是『共相問題』。講白了，就是關於『普遍性的事物是否存在』這個問題產生的爭論。舉例來說，當時的知識分子對於『人』這個概念的想法產生了分歧，並爭辯不休。

其中一種想法就是『唯名論』。大家可以把唯名論理解成認為人『只是一種名稱』的理論。也就是，地球上碰巧有一種從猴子進化而來的生物，有人將『人』這個詞套用在了這種生物上，『人』的概念就是這麼一回事，除此之外沒有其他解釋。唯名論便是這樣一種思維。」

因為這樣，所以叫唯名論啊。講得還真是有夠貼切。或該說，這樣講一點也沒錯不是嗎？

「另一種想法是『唯實論』，你們可以將它理解成認為人是『實際存在』的理論。唯實論的思維是：『所謂人的概念，不只是單純的名稱，而是真正存在於某個地方。』」

嗄？這不就跟剛才說明的理型論一樣嗎？就是那套「雖然看不到、摸不到，但一定存在於某個地方」，硬是強辯的說詞。

「活在現代的我們，可能會覺得這種爭論非常無所謂，但這在當時的基督教社會卻非常重要。例如，若照唯名論思考的話，『人』將不再是普遍性的存在。亞當吃下禁果的罪，就不是『人』的罪，而不過是亞當個人的罪。換句話說，原罪這項基督教的基本教義也就不成立了。」

啊，我小時候有想過這個問題。幼稚園老師說，因為亞當吃下了禁果，使得人類要背負「必須辛苦工作」、「必須死亡」的懲罰。我那時候就覺得，明明是亞當的錯，跟我們沒有關係啊。那如果實際存在「人」這個可以將我們全部囊括進去的概念，就可以懲罰所有人，在道理上說得通嗎？不，我當然還是無法接受。

「但如果要說那照唯實論思考就好，卻也似乎不是這麼回事。如果承認『人』是普遍性實際存在的，就會變成只要神拯救了『人』，全人類，包括壞人、沒有信仰的人、異教徒，全都會一視同仁地得到救贖，這對教會組織而言可不妙。

總之呢，這個時代就像這樣，針對概念的實在性，站在唯名論與唯實論兩種立場，展開了神學上的爭辯。

好，你們已經知道什麼是共相問題了。那我就用善的概念重新說明一次剛才介紹的思想對立。首先是唯名論。如果遵照這種想法，所謂的善就只是一種名稱。換句話說，就是有人將人這種生物的行為之中，符合社會利益者命名為『善』罷了，除此之外別無意義。」

真不愧是唯名論，可以說直白過頭了。

「接著是唯實論。若按照唯實論的思維，可以斷定為絕對正確的普遍的善，是實際存在於世界上某個地方的。當然，這件事誰也無法證明。」

這真的愈聽愈像理型論耶。

「啊，對了對了。因為在講『善』讓我想到了，亞當吃下的禁果正式名稱其實叫『善惡果』，是『分辨善惡樹』上的果實。懂得分辨善惡為什麼會是禁忌呢，這實在是很有意思的問題啊。」

經驗主義 VS 理性主義

「接下來，從中世紀過渡到近代的時期，也就是距今大概五百年前，這次輪到經驗主義與理性主義產生了新的對立。

首先是經驗主義。這是一種認為『人類想出來的所有概念，都是根據經驗而來的，除此之外別無其他可能』的思維。舉例來說，『馬』這個概念，是在『看了馬的繪畫』之類的『經驗』反覆累積的過程中形成的。」

嗯，這可以說是理所當然吧。畢竟沒看過馬的人，也就是沒有看到馬的「經驗」的人，應該不可能會有「馬的概念」。

「這是一種非常單純的想法，我想應該很多人會同意。那關於『善』的概念又是如何呢？若照經驗主義的立場來看，是小時候先有『做了讓父母高興的事會受到稱讚』的經驗，在這個經驗反覆累積的過程中，逐漸形成了『原來這樣是好事啊』的『善』的概念。換句話說，就經驗主義而言，『善』的概念和『狗』、『馬』一樣，純粹是經驗的累積所產生的，絕對不是什麼特別的東西。」

感覺跟唯名論很像呢，連論述超直白這一點也是。

「至於理性主義則認為：『只要讓理性合理地運作，人就能到達絕對的正確這個目標。』乍看之下，大家可能會以為這是一種注重道理、講求現實的思想，但實際上理性主義卻信仰：『真理』、『絕對正確的某個東西』存在於世界上某個角落，這種情懷，可說是和經驗主義對立的思想。關於這一點，相信你們只要聽了理性主義的始祖哲學家笛卡兒所主張的『上帝的存在證明』，就會明白了。」

嗄？上帝的……存在證明？上帝的存在是有辦法證明的嗎？要怎麼證明？

「笛卡兒主張，透過以下的理性思辨可以證明上帝的存在。

1. 人類是『不完美』的，因此只具有『不完美』的認知，只能了解『不完美的事物』。
2. 然而，人類知道『神』的概念。不完美的人類有辦法了解完美的上帝，是一件荒謬的事。
3. 為了解決這項矛盾，人類只能認為，上帝是用了某種方法讓人類知道『上帝的存在』，因此上帝是存在的。

就是以上這樣。」

……呃，完全聽不懂。

「簡單來說，就是『為什麼人類會知道原本不可能知道的事情？這太奇怪了。所以一定是有什麼超越一切道理的東西存在，不然無法解釋這個矛盾』。如果有人覺得一頭霧水的話，請回想一下剛剛提到的『圓圈』和『善』的關係。」

老師在黑板的角落又畫了一次剛才的圓圈。

「假設這個圓圈代表人類所能思考、所能經歷的範圍。人類當然是有限的存在，只具備有限的認知能力，因此無法了解，也無法經歷完全的善。但是，人類知道有完全的善存在。即使無法具體說出『要怎樣怎樣才是完全的善』，但至少知道完全的善這個『概念』。既然這樣，這個完全的善的『概念』是從哪裡來的？」

老師這麼說道，在圓圈之外寫上了「善」。

「當然是從認知之外、經歷之外來的，不然的話沒有辦法說明。因此，絕對的、完全的善終究還是『存在』的。而且獨立於人類的認知、個人經歷之外，位在這個圓圈的外面。」

從上帝的存在證明延伸到……善的存在證明？

雖然善是比神明更貼近我們的概念，但我完全不覺得該像理性主義那樣思考。怎麼說呢……一開始聽到的時候，我還以為理性主義推崇理性思考，因此會以理服人，主張大家都能接受的事情，是很符合現實的一種思想，結果跟我想的完全不一樣。到頭來，一旦要追求「真理」、「善」、「正義」，人類就只能選擇「相信世界上存在超越人類智慧的某種東西」這樣的思維嗎？

當我這麼想的時候，瞥見黑板上的某個詞，突然驚覺一件事。寫在老師畫的直線左邊的詞：絕對主義。原來是這樣啊！到頭來，大家講的都是一樣的東西，所以全都可以做出區分嘍！

「我們剛才一路看下來，認識了人類持續約兩千五百年的思想對立、哲學史，大家有發現什麼事嗎？正義同學。」

「是的。線的左邊……從絕對主義開始的這一連串哲學思想，全都認為善及正義存在於圓圈之外。至於右邊的相對主義以及後續一連串的哲學思想，則認為善或正義不存在，或該說位在圓圈之內。換句話說，我覺得說到底，人類就是一直在討論，善或正義等概念究竟是不是位在『圓圈之外』。」

我的回答讓老師露出了無比滿意的笑容。似乎我說出了在他心目中接近滿分的回答。

「沒錯沒錯，就是這樣！就像你說的！

『善』或『正義』，另外像是『神』也好、『愛』也好、『意義』也好，什麼都好。總之一切看不到、摸不到的概念（理型），是否『真正存在』於圓圈之外……也就是人類的認知和道理之外……可以說，人類兩千五百年來一直在思考的，就是這個問題。」

兩千五百年啊……嘴巴上說來雖然輕鬆，但這簡直是無止盡的歲月耶。

「那正義同學，你看了這兩種哲學思想的對立後有什麼感想呢？」

「我在想為什麼？」

「嗯？」

「人類花了兩千五百年在思考這個問題，可是到頭來還是沒有得到結論不是嗎？到現在也一樣。」

「是沒錯。」

「我覺得試圖用道理說明『世界上存在無法用道理說明的事物』，這種自始至終都行不通的事，打從一開始就充滿矛盾……可是為什麼以前的人還一直死命思考這個問題呢？」

「嗯，反過來說，正義同學，世界上還有比這更重要的問題嗎？舉例來說，正義同學你應該知道杜斯妥也夫斯基這位小說家吧？他是著名的俄國文豪，代表作有《罪與罰》、《卡拉馬助夫兄弟們》等，還寫了好幾部小說探討人類普遍的主題，堪稱偉大的作家。他曾多次在作品中透過筆下人物說出這樣的話：

『如果神不過是人類創造出來的概念，沒有了神，人類要如何行善呢？』

這幾乎是貫徹杜斯妥也夫斯基所有作品的重要台詞。簡單來說，若要行善或行使正義，必定要以『神』這個超越道理的存在做為前提才行。為什麼呢？你們想想看……」

老師這麼說著，回過身在黑板上隨意畫出了一堆圓圈。

「假設這世上沒有神之類超越物質的存在，真的就只有物質……宇宙就只是大量的顆粒遵循物理法則轉動的空間，等於一個巨大的撞球檯。如此一來，這些大量的顆粒在永恆的時間中，無止盡地持續轉動，一下靠在一起、一下分開，有時也可能化作人的形狀，做出具有生命般的動作……但如果這些顆粒的運動，就是我們人類的所有活動，那究竟會不會從中產生所謂的『意義』？『善』這個概念會存在嗎？你覺得呢？正義同學。」

如果宇宙只是一個撞球檯，人類是照規則運作的顆粒聚集而成的……

咦？真的耶，那就沒意義啦。畢竟真是這樣的話，就算一個人殺了另一個人，也只是單純的顆粒與顆粒的碰撞，有一方消散了而已。而且，因為顆粒不過是照著規則在運作，沒有選擇的自由，所以不管發生什麼事——殺人也好、救人也好——誰都無法說是善是惡了。

「確實會變得沒有善惡。不過當然，要是有某人將顆粒的某個動作定義成了『善』的話，或許可以宣稱善是存在的……但這樣一來，也沒有必要命名為『善』了，至少我認為這和我們目前所討論的『善』是不一樣的東西。」

我直接將突然浮現腦中的想法說了出來。

「沒錯，正義同學。你應該可以理解過去的哲學家們，以及杜斯妥也夫斯基為何如此執著於超越人類智慧的事物了吧。若不將這種超越性當作前提，我們根本就無法討論『善惡』，也無法探求『活著的意義』了。」

我往左邊望去，倫理看起來心情大好。老師就在眼前闡述自己相信的正義是如何具有正當性，那也是當然的吧。不過——

「然而，哲學的歷史接下來出現了重大轉變。後來出現的哲學家，完全摧毀了追求超越性事物的哲學傳統。那就是存在主義的哲學家，齊克果和尼采。」

主張「上帝已死」的存在主義者：尼采

尼采。

這個名字我聽過很多次。如果問我「說到哲學家會聯想到誰」的話，尼采出現的機率大概和蘇格拉底同等級吧。這個尼采居然完全摧毀了哲學的傳統？

「上帝已死。你們應該多少聽過這句話吧？這是尼采最有名的一句話。乍看之下，可能會讓人覺得這是在褻瀆宗教。然而……你們已經在今天的課堂上學到哲學的歷史了，那應該多少想像得到這句話的意思吧？」

聽老師這樣一說，我好像懂了什麼。我望向黑板上寫在圓圈外面的詞。

老師的手用力拍在了那個詞上面。

「尼采口中已死的『神』，指的當然是『真理』、『善』、『正義』等，位於圓圈之外的超越性事物。尼采主張，這些東西已經『死了』。不僅如此，他甚至斷言，因為相信這些非現實的東西，人類已經失去了活著的意義。」

這和剛才相反。老師原本在講的都是：如果沒有神或善之類超越性的存在，就會失去活著的意義，但尼采提出了完全相反的主張。

我反射性地看了一下左邊。不出我所料，倫理正惡狠狠地瞪著老師。

「根據尼采的說法，自古以來，人類原本的價值觀是將『狼』、『老鷹』之類的強者視為『善』，但從某個時候開始——具體來說，就是基督教這個宗教及道德出現之後——人類的價值觀轉變成：『綿羊』之類溫馴的弱者才是『善』。尼采主張，這並非自然的。人類原本的價值觀，是後來被宗教家、道德人士灌輸的假的價值觀。沒錯，尼采認為神、善、道德不僅不具有普遍性、是人工的，而且不過是支配者為了讓底下的人乖乖順從所使用的統治工具。」

就倫理的立場而言，當然無法對這番話默不作聲。倫理站了起來提出反駁。

「尼采要怎麼想是他的自由，但事實上正是因為有道德，才使得人類現在能過著和平的生活不是嗎？」

「喔，是這樣嗎？回溯人類的歷史，高舉著道德──也就是善或正義等理想大旗的人，可是比所謂的惡人殺了更多人喔。

像是相信有比人類更高等的『神』存在的人……

像是認為自己的政治思想是『正義』的人……

引發數以萬計的大屠殺的，向來都是這些人。熱衷於圓圈外面……理想的存在的人，容易鄙視圓圈裡面……現實的存在。正因為這樣，尼采才大聲疾呼，不要崇拜現實中不存在、看不到也摸不到的『神』或『道德』，而是應該將重心放在現實的存在而活。這種重視存在的思維，就叫作『存在主義』。要分的話，這當然屬於右邊的現實的哲學，是接在『經驗主義與理性主義的對立』之後出現的哲學……但後來在哲學史上，位於這條線左邊……以絕對主義為源流的哲學，就再也沒出現過了。」

就這樣？明明已經爭論了兩千五百年不是嗎？

「哲學史後來還有結構主義、工具主義、後結構主義等各式各樣的思想、哲學體系，但其實這些全都是位在右側的哲學──相對化、否定真理及正義的思維。

換句話說，哲學的歷史……人類追求善及正義的思想史，在某種意義上說，是被尼采畫下了句點。」

這樣啊，怪不得！蘇格拉底和尼采都是有名到不行的哲學家，但我覺得自己現在才真正明白了箇中原因。蘇格拉底開啟了哲學追求善的歷史，尼采則用「上帝已死」將此終結。也就是因為這樣，這兩個人才成了哲學界的超級重要人物嗎？

「可是！我還是認為正確的就是正確的、善就是善，世界上還是有這些絕對的事物。」

倫理依然堅持她所相信的倫理，不肯放棄。

「我明白了。但就算這樣，妳自己是無法到達『絕對的正確』的。這件事妳自己應該最清楚吧？」

「這是什麼意思？」

「存在主義哲學家齊克果在他的著作《致死的疾病》中提到了這一點，其實很簡單。因為人類是有限且不完美的存在，所以無法了解無限正確的善、完全的正義，也無法實行，因此人類只能絕望。」

「不，這太悲觀了。人類是可以了解，也可以實行完美且正確的善的。例如，殺人肯定是惡，說謊也肯定是惡。因此這兩者的相反，就肯定是善。換句話說，不殺人、不說謊可以說是每個人都應該遵循的完美的善。」

「每個人都應該遵循的完美的善嗎……原來如此，妳的道德觀和康德一樣啊。康德被認為是人類史上花了最多心力思考道德的哲學家，他和妳一樣，認為世界上存在著『不可以說謊』之類的，可說是絕對正確的道德規範。可是呢……」

老師用看起來似乎帶有歉意的表情說下去。

「有一次，某個對他的道德規範不爽的人，不懷好意地問了他這樣的問題：假設有個殺人魔跑來你家，問你的家人在哪裡。如果說出了家人的所在地，殺人魔就會馬上過去殺了你的家人。如果是妳，會怎麼回答這個問題呢？」

這就等於……說謊的話家人會得救，不說謊的話家人就會死，逼人二選一的思考實驗吧。

「我會回答『我在另外一個地方看到過他們』。」

「喔？那是實話嗎？」

「是的，是實話，只不過我是在三天前看到的。」

「原來如此。殺人魔就算去到那裡，妳家人也不在，而且妳自己也沒有說謊。」

倫理輕輕地點了頭。

「嗯，她剛才的回答其實和康德的回答一樣。正義同學，聽到這個答案，你有什麼看法？」

「……………」

沒什麼好說的吧。我覺得這不僅腦筋動得快，而且也是那種狀況下最好的回答了。

但是……

「她認為這樣不算說謊，正義同學你認為呢？」

我內心的一角因為這句話而崩塌了。自由學姐的那件事一直讓我耿耿於懷。我不禁脫口而出：

「不，我認為那樣是說謊，一樣都是在騙人。」

聽到我的回答，倫理目瞪口呆。我當然不是認為在那種情況下應該說實話。只是，明明有意騙人，卻主張自己沒有說謊，我總覺得有哪裡不對，這種行為本身才是違反了倫理。

「我明白了，正義同學的回答也很有道理。其實，也有人這樣反駁康德的回答。或許康德和副會長都覺得自己做的是絕對正確的行為，但也絕不能否認，有其他人會覺得這樣是有問題的。而且副會長，要是殺人魔很聰明，懂得問其他問題來確認妳提供的情報真假，這樣的話妳打算怎麼辦？當然，保持沉默也是一種回答。不過，現在是思考實驗，是沉默、轉移話題或模糊焦點都行不通的特殊狀況，那妳又會怎麼回答呢？」

「這樣的話我會說實話。」

「妳的意思是，就算家人會被殺，妳仍然不願說謊，要說實話嗎？」

「是的！不論在什麼情形下，說謊都有倫理上的問題，所以我會說實話。因為那樣才是道德、才是善、才是正義！」

倫理以明確的語氣如此回答。

「喔，康德的回答也一樣呢。這個回答確實有一定的正當性。若是開了『對方是殺人魔的話就可以說謊』這種先例的話——是壞人的話就可以說謊、是敵人的話就可以說謊、對方不能信任的話就可以說謊，就會不得不接受各式各樣有條件的謊言。如此一來，『不可以說謊』這項絕對的道德規範恐怕也不復存了。

話雖如此……妳真的敢說，即使明知家人會死，但還是要講實話才是正義嗎？」

「這樣才是正義！」

倫理如此斷定。似乎因為詫異倫理的這番態度，教室裡一陣騷動。這也難怪。倫理剛才等於是主張「誠實是比家人的性命更優先的正義」。

坐在最前面的我們甚至聽到後方有人竊竊私語：

「哇，搞不好她真的會殺人……」

因為過於固執地追求理想，而對現實的存在不屑一顧，這是宗教的正義最大的問題。這個問題正活生生在我面前上演。雖然周圍如此反應，倫理卻不為所動。不，不對，雖然動作很細微，但她的嘴唇正在顫抖。坐得離她最近的我全都看在眼裡。

「那麼副會長，像有軌電車難題這樣的案例又該如何呢？也就是要放著電車不管，對五個人見死不救？或是要切換軌道，犧牲一個不相關的人？如果是妳會怎麼回答呢？」

我也一直很好奇，倫理會怎麼回答這個問題。就我的猜測，她可能會選擇「不切換軌道，對五個人見死不救」。原因在於，「無論什麼狀況下，都絕對不能用人命去達成某種目的」才像是倫理會有的想法。

然而——

「家人……」

「嗯？」

我完全猜錯了。

「我的家人或戀人、朋友……我所重視的人是在哪一邊呢？」

倫理顯得有些激動，卻又臉色鐵青地這麼問道。老師不清楚她這麼問的用意，露出一頭霧水的樣子。

「妳問這個是什麼意思呢？那和這個問題有什麼關係嗎？那不然，假設其中一邊有妳的家人在好了。所以妳是想要說，應該要救有家人在的一邊，對另一邊見死不救嗎？」

「不，不是！是相反！我認為應該對自己家人在的那一邊見死不救！」

嗄。呃，倫理在說什麼啊？

「因為想要優先救助自己重視的人是私情，私情並不具有普遍性，而是個人性質的情感，在那之中並沒有我們每個人所應該追求的正義。所以，如果必須面對只有一邊能得救的狀況，我們應該率先拋棄家人，選擇幫助他人。我認為每一個人都應該背負這樣的義務！」

不不不，那才不是正義吧。雖然我了解她想表達的意思。

就原理而言，或許正義就是這麼回事。

但倫理所說的這些，就我們看來只是單純的瘋狂。

「副會長，我再確認一次，那樣真的是正義嗎？」

「是的。」

是正義。

倫理大概是想說這句話。但她口中並沒有說出「正義」這兩個字，而是發出了一種我至今從沒聽她發出過的聲音。

這樣比喻好了。假設有一種和我們完全沒有共通的善惡概念，外形樣貌也天差地遠的外星人，那聲音就像是這種外星人在說話。不知道是什麼意思，又讓人不舒服的聲音——我過了一陣子才聽出來，那是她嘔吐的聲音。

整間教室一陣騷動。

她以相同間隔連續發出異常的聲音，同時伴隨著臭味。原本坐在教室後方打瞌睡的學生也察覺了異狀，聚集過來想圍觀學生會副會長出醜的樣子。

「倫理，妳還好嗎？」

我擋在她身前，試圖避免周圍的人看見她的模樣，並輕輕摸著她的背問道。

但倫理並沒有回答，只是不停流著淚。

第8章

人有辦法證明正義嗎？

——直觀主義的問題點

千幸「碰」地一聲，將一張紙用力拍在學生會室的桌上，對著我說：

「正義，就交給你嘍！」

她拍在桌上的，看起來像是倫理班上某些事務的通知單。原來如此，我猜她是要我用送這個當藉口拜訪倫理家。

自從在課堂上嘔吐之後，倫理就沒有來過學校。所以現在學生會室內並沒有她的身影。黑板上還留著好幾天前寫下的字：「直觀主義的問題點」。千幸有如雕像般充滿氣勢地站在黑板前。每天放學後，她都像這樣等著倫理出現。但事發至今已經一週，倫理還是沒有要來學校的跡象，千幸似乎也耐不住性子了。

「輪到她自己的時候就逃掉了，這也太奸詐了吧！」

千幸講得好像倫理刻意逃避，放著輪到自己該做的工作不管一樣。嗯，雖然嘴巴上這樣講，但千幸應該是在用她的方式表達對倫理的擔心吧。特地跑到倫理班上去像這樣把通知單拿來，就是最好的證據。這樣也好，我原本也覺得差不多該做點什麼了。「好，我們走吧！」我贊成千幸的提議。

「嗯，那拜託你嘍。」

千幸這麼說著，用力把通知單按在我胸口上。

「什麼？」

胸口突然像這樣被拍一下，讓我搞不太清楚狀況。

「……該不會是要我一個人去吧？」

「是啊，我不是說交給你了嗎？你是學生會長，是學生會的代表啊。」

呃，話是沒錯啦，可是男生自己一個人跑去女生家，這個任務難度不會太高嗎……？

「妳跟我一起去有什麼關係？」

「唉，別說那麼多了啦，自己想一下嘛。來，地址在這邊。」

千幸朝我晃了晃她捏在手裡的紙。哇，怎麼我好像被當成搞不清狀況的白目傢伙了。雖然表現得不太耐煩，不過她的確是在擔心倫理。在一旁默默看書的自由學姐似乎也沒有要去的意思，於是我下定決心自己一個人去。

就在此時。「啊，對了，正義學弟。」自由學姐的眼睛還是盯著書本，頭也不抬地說。

「等一下再去找倫理學妹好嗎？我想先講一下她家裡的事。」

——過了一小時後，我到達了目的地。

可是——

「咦？是這裡嗎……」

我來回看著手上的地址和眼前的門牌，呆立在門前。

德川倫理，從名字到長相、平時的行為舉止，都讓我一直想像她應該是住在獨棟的豪宅，或者是保全設施周延的高級大廈。然而……現在在我眼前的，是潑滿汙漬的牆壁、積著厚厚灰塵的管線、擺在走廊上的老舊洗衣機，以及沒有任何保全措施的廉價木門。名符其實，就是間破舊老公寓。從地址和門牌來看，這裡似乎的確是倫理的家。

我心想，先按門鈴再說吧。按了之後，門內傳來塑膠袋之類的東西摩擦的聲音，那聲音到了門邊就停止了。大概因為門板很薄吧，完全可以感覺到門的另一邊有人。

喀啦。

門上的信箱蓋開了條縫。一般來說，這種時候應該都會從門上方的貓眼確認來訪者是什麼人，但這間屋子的門沒有貓眼，所以只能用這種方式往外看。

「……請回吧。」

雖然微弱，但從門內傳來的確實是倫理的聲音。然後信箱蓋馬上又「喀啦」一聲地關上了。

……呃……怎麼辦咧？

是因為看到了制服褲子，知道是我所以拒絕開門嗎？這樣的話，是不是不要隨便出聲跟她說話比較好？

不對，如果不說話，那要怎麼確認她好不好？因為太多預期之外的狀況加在一起，讓我有點不知所措。結果我突然想起了自己手上拿著的通知單。

啊，對了，就是這個！

我反設性地推開信箱蓋，想將那張紙投進去，結果聽到她「咦？」了一聲。她似乎從內側擋住了信箱蓋，我無法推開。

啊……糟糕，她可能以為我是要偷看。情急之下，我大喊：「不！我不是要偷看！等一下！」我想要硬推開信箱蓋，但門另一邊的倫理也使勁地想擋住。我們兩人就這樣隔著一扇門，展開了開關信箱蓋的攻防。最後我終於好不容易將通知單塞了進去。

好，任務完成。

「……2年A班通訊……新菜單，大阪燒麵包試吃感想……這又是什麼……」

這時我想起了原本的目的。

「我是正義，倫理，我有話想跟妳說。」

過了一會兒，我聽到門的另一邊傳來嘆氣聲。

「你一個人嗎？」

「嗯，千幸叫我一個人來。」

「千幸同學？」

「啊，不是她叫我來我才來的，我自己也很擔心妳。」

「是嗎？千幸同學她……」

喀啦。

這次打開的不是信箱蓋，是門。

出乎我意料，很乾脆地就打開了。

雖然好像是因為聽到了千幸的名字她才願意開門的，讓我心裡有點不是滋味。總之，我還是很感激她肯開門，便進到了屋內。

倫理家的玄關。在那扇骯髒木門的另一邊……如同我的猜測，是一間髒亂的套房。屋內地板上散落著便當店的塑膠袋，整個房間只能用髒兮兮來形容。鋪在地板上的床墊和棉被只有一組，看來她是一個人住在這兒……似乎沒有和父母同住。

「所以呢？有什麼事？」

「欸……呃……我來拿通知單給妳的……」

「我已經拿到了。」

老實說，來到這棟公寓之後，我一直處在震驚的狀態。倫理竟然住在破舊的公寓，房間髒亂不堪，而且還好一陣子沒來上學。再加上從自由學姐那裡聽來的事……實在太多資訊，顛覆了一直以來我對倫理的認知，腦袋完全跟不上。

而且，最讓我驚訝的是倫理的臉。

一直以來，倫理總是精神奕奕，神情中充滿自信與威嚴，讓我都懷疑她身體裡是不是裝了鐵絲。但她現在的模樣卻完全不同：頭髮凌亂、臉色蒼白，黑眼圈嚴重、駝著背，一副畏縮沒有自信的樣子。這樣說吧，如果在路上擦身而過，我可能也認不出來這是倫理，她的轉變就是如此之大。

「妳好像不太舒服。」

「嗯……睡不太著……」

「失眠嗎？」

「…………」

「妳家裡其他人呢？」

「沒有其他人……我已經自己一個人住很久了……」

「這樣啊……」

「嗯……所以讓男生進到家裡其實有倫理上的問題……不過算了吧，請進。」

聽她這樣說，我便脫了鞋踏上她家地板。

「裝病跟學校請假的我，已經沒有資格說倫理上會怎樣了。」

倫理像是在自嘲般地這麼說道。

「所以妳是裝病嗎？」

「睡不著倒是真的。」

「大家都很擔心妳喔。千幸、自由學姐也是。……還有，我從自由學姐那邊聽說了……

妳父親的事。」

聽到這句話，倫理沉默了幾秒。

「是嗎……所以你已經全都知道了吧？」

自由學姐轉述了發生在倫理身上的事。不，或許說是發生在倫理父親身上的事比較正確。

那是十多年前的事了。倫理當時就讀的幼稚園發生火災，身為消防員的倫理父親剛好人在現場，他獨自一人進到火場，但沒有前往三十名幼童所在的房間，而是選擇先救自己女兒，引發了整起事件。

不，「引發了整起事件」這種說法可能不恰當。倫理的父親雖然是消防員，但當天並沒有值勤，身上也沒有任何裝備便果決地衝入火海之中。在這種狀況下選擇救自己的女兒，絕不能說是錯誤的決定，甚至要說他也是受害者之一都不為過。

但畢竟父親是現役的消防員，而且死亡的幼童人數實在太多，於是引發了關注，社會大眾開始質疑他的選擇。另外，不知道為什麼，媒體也拚命針對倫理的父親，甚至寫出了「其實不是救不到？救完自己女兒後悠哉抽菸！」這種偏離事實的假新聞，讓他在職場上遭受嚴重排擠，最後不得不辭掉工作。就這樣，倫理一家就像人間蒸發似地，從原本居住的城鎮消失了。

——我從自由學姐那邊聽到的故事就到此為止，接下來的發展，則從倫理口中自己說出。

「那件事之後，我們馬上就搬家了，而且像是為了不被發現一樣，三天兩頭就搬。我那時候還小，什麼都不知道，一心以為爸爸還在當消防員。『當消防員的爸爸是正義的一方、是英雄，日本各地都需要他的幫忙，所以我們才常常搬家』——我是這麼想的。而且爸爸也是這樣告訴我，說他是消防員、是正義的一方。但爸爸說了謊。」

父親沒有誠實告知事實，或許的確算是說謊……但這樣的謊言該受到指責嗎？

「我原本很尊敬爸爸的，爸爸從小就夢想著要當正義的一方，變成大人後也沒有改變信念。可是，開始一直搬家之後，爸爸的笑容消失了，總是一副心事重重的樣子。爸爸出現這種轉變，我當然會覺得不對勁，懷疑他是不是發生什麼事了。後來我開始會上網，我決定自己調查爸爸的事，結果查到當時的報導。就是那起幼稚園火災的報導。

神奇的是，看到那篇報導的瞬間，我清楚地想起了那天的事，甚至懷疑起自己為何一直遺忘至今。我立刻就去逼問爸爸，大吵大鬧。我問他，為什麼你會做出那種選擇？為什麼你一直說謊？……我想我一定是因為太激動而失去理智，結果對爸爸說了不該說的話。

『你這個騙子！』

『不要救我不就好了！』

『明明這樣大家才會幸福！』

或許是這個緣故吧，後來爸爸精神方面出了問題，目前正在住院，並和媽媽協議離婚中。」

講完自己的過去，倫理大大嘆了口氣，然後看向我。

「正義同學你怎麼想？你覺得我爸爸的行為是正確的嗎？」

「…………」

雖然過去倫理曾多次要我回答怎樣才是正確、才是符合正義，但這次，是她問過我最沉重的問題。

「選擇救我應該終究是不對的吧？我爸爸不該受私情影響判斷，而是該去救三十位小朋友不是嗎？而且，他也不該說謊，而是該告訴我真相不是嗎？」

「呃，這種事……」

面對倫理一個又一個的問題，我半反射性地這樣回答，便再也說不出更多話了。怎樣才是正確的、怎樣做才是正義，應該輪不到我來說。因此，雖然感到慚愧，但我也只能沉默。

這時候，我不經意瞄到了書架。那是一座和這間小套房不搭軋的大書架，而且雖然位在滿是垃圾袋的髒亂房間內，但不知為何，只有書架周圍收拾得乾乾淨淨，看起來就像神聖的祭壇般。倫理察覺到了我的視線。

「那座書架上放的全都是關於善或正義的倫理學書籍。我想找出我剛剛問你的那些問題的答案，因此一直用自己的方式在學習。」

倫理這麼說道，站起身來往書架走去。

我曾聽過一種說法：從書架可以了解一個人的內心。這麼說來，倫理的內心大概毫無疑問地全都被「正義」填滿了吧。倫理像是在清點般，手指一一劃過排放整齊的書本。每一本書裡都貼了大量標重點的標籤。

「但是，不管我怎麼讀，都沒有在這裡的書中找到答案。不僅如此，甚至愈讀愈搞不清什麼才是正義了。所以……真正的騙子是我。」

「嗄？」

「只要跟隨良心，不用想也知道什麼是善——我總是這麼說對吧？可是，其實我並不知道，只是一直裝出一副知道的樣子罷了。結果我……我卻不知羞恥、自我感覺良好地高談闊論著正義，強迫別人接受……正義同學，你應該一直覺得很困擾吧？我真的對過去的行為感到很抱歉。」

倫理軟弱無力地道歉。不，不對。我並不想看到她這樣。

「不是那樣啦。畢竟我們是人，或許無法了解完全的善或正義，可是倫理妳那麼優秀，是大家的模範，比任何人都稱得上是優等生不是嗎？」

「優等生？我？」

倫理露出詫異的表情，然後突然笑了出來。

「正義同學，你該不會以為我是優等生、是好人吧？我倒覺得我可能是我們學校最糟糕的人喔。」

倫理這麼說道，擠出了像是自嘲般的笑容。

「我說的是真的啊。你知道我每天都在想些什麼嗎？木犀草號事件。這是在一八八四年發生的。有四個人在海上遇到船難，沒有糧食也沒有水，結果其中三人殺害了另一名衰弱的少年，喝他的血、吃他的肉。他們在獲救後主張：『不這樣做的話所有人都會餓死，而且那名少年本來就已經很虛弱了，放著不管的話也會死，我們是為了自保才這樣做的。』他們的行為究竟稱不稱得上正確呢？或者我們可以在這起事件的基礎上提出各種假設。如果這名少年並沒有身體虛弱的話呢？或者，如果少年中了毒，已經知道幾個小時後他一定會死掉的話呢？」

倫理突然前言不對後語地開始講起不相干的事件。或許她是想表達自己平時就一直在想這些東西，事實上，倫理也的確曾多次像這樣無預警地岔開話題說起某個事件，但她現在的語氣實在不對勁，甚至忘了眼前還有我這個人，自顧自地熱烈發表評論。

「……如果要談這類的吃人事件，就不能不提一九七二年在安地斯山脈失事的五七一號班機事件。這起事件的特殊之處在於……」

倫理滔滔不絕。

她不用看任何資料，就能如此流暢地敘述每起事件，不禁讓人懷疑，她的腦中究竟裝了多少類似的歷史慘劇呢？我呆立著，聽著倫理訴說各式各樣的事件——各種人被逼到絕境，不得不做出荒謬的選擇，這些全都是真實發生過的事。到後來，她講的東西不知不覺間脫離了現實，開始變得抽象。

「這麼說來，墮胎是錯的嗎？把胎兒看作是人的話，墮胎就等於殺人，很明顯是錯的。但另一方面，我們也必須考量到被強暴、非自願懷孕的例子。

我這樣比喻好了。想像一下，有一名女性突然被打昏，醒來後發現自己的肚子上多了條管子，被迫透過那條管子不斷將自己的營養輸送給一名完全不認識的『昏睡中的陌生人』。處在這種不自由的狀態下，當然只能辭掉工作，也無法維持正常的生活，和伴侶之間的關係也無法維持。因此她想：『我沒有道理為了讓一個昏睡中的陌生人活下去，而犧牲自己的人生。』於是，雖然明知會造成昏睡中的陌生人死亡，她還是扯掉了管子，逃離那個地方。請問，你會指責她做出這樣的決定嗎？若你指責她的話，等於是否定了她的人權，也就是自由生存的權利。如果不指責她的話，你就等於是容許殺人，也就是墮胎——」

「倫理！夠了！我知道妳想說的！」

我抓住倫理的肩膀阻止她繼續自言自語下去。倫理說她都沒有睡，該不會是一整晚都在想這些東西吧？倫理雙眼無神，目光失焦，我甚至懷疑她現在是否還清醒。

「我每天都在思考這些事。」

倫理一臉茫然地說。

「倫理學的書大概都是這樣喔。完美設計出把人逼到絕境，不管做出什麼選擇，最後一定都是不幸的狀況……」

聽來真是諷刺。她原本是為了追尋正義而研究倫理學，結果學到的都是讓人不忍聽聞的悲慘案例或無解的思想實驗。

維持了短暫沉默後，倫理又開始喃喃自語了。她說的都是些意義不明、毫無章法的語句，但可以斷斷續續地聽到……火災……幼稚園……右邊還是左邊……爸爸……。她一定是想起了那件事，在思考怎樣才是正確的行為吧。

「倫理！」

我搖晃倫理的身體，再次呼喊她的名字，然後嚴厲地對她說：「好了，不要再想了！」

「說的也是，我不會再想了。」倫理表現地這麼聽話，讓我大感意外。但就在下一秒，她的身體卻像洩了氣的皮球一樣整個人軟下來。我原本還抓著她的肩膀，這時連忙將她身體撐住。仔細一看倫理的臉，只見她面無表情直直望著前方。她看起來並不是因為想睡而癱軟無力，而是已經失去了活下去的力氣。

「我累了……」

倫理說道。

然後她以一種看似頓悟的表情，對著空氣問了一句：

「正義是什麼？」

正義只是一種場面話，世界上根本沒有正義。

我的腦海中瞬間浮現了這個答案。說不定這個答案可以讓倫理輕鬆些，就像過去的我一樣。

直觀主義的問題點其實非常單純。「人類無法直接看到正義」、「人類不可能有辦法理解完全的正義」，只要仔細思考就會知道這是理所當然的道理。所謂的正義，指的是「無限正確的事物」，但人類只是「有限」的存在。因此，就像有限的杯子無法舀光無限的水一樣，有限的人類打從一開始就不可能有辦法衡量無限的正義。

因此……就像倫理說的，直觀主義者只得被迫說謊。畢竟，他們必須主張自己理解實際上不可能有辦法理解的東西。而這種虛有其表的說詞在遇到有軌電車難題這種選項互相衝突的選擇題時，馬上就會露餡。當然，我們可以只談「不可以殺人」、「應該幫助有困難的人」這類簡單的問題，對於困難的問題視而不見。但如果是像倫理這樣，真心誠意想要嚴格理解正義的話……而且有著非這麼做不可的理由的話……這種人便無法不去面對有軌電車難題這種現實中有可能發生的難題，並為此煩惱不已、疲憊、絕望，最終再也無力面對，只能陷入瘋狂。

既然這樣，對於倫理之類的直觀主義者，我們反而該告訴他們「正義根本不存在」不是嗎？

不，不對……。以前的我或許會這麼認為，但現在不一樣了。開始上倫理課、和學生會的成員一起討論的這半年來，我自認為我也對正義進行了不少思考。所以……我想回答倫理的問題。不是「才沒有答案」這種敷衍的答案，而是就算錯了也好、會被駁倒也好，都應該把自己努力思考過所得到的答案告訴倫理。就像千幸和自由學姐那樣。

我拚命回想之前上過的倫理課。功利主義、自由主義、直觀主義……人類判斷正義時當作機準的三種思維。我在心裡反覆思量課堂上的說明，並套用在那次的火災事件上。

倫理的父親遵從功利主義的思維，選擇去救人多的那一邊是不是會比較好？不，倫理的父親也是有權利自由決定要怎麼活的，難道不能照自己的意思救人嗎？或者說，選擇優先救自己女兒對父母而言是天經地義的事，這難道不是善嗎？

我在腦中列出了各種答案，但又覺得每個答案都充滿了可以反駁的點。

就在此時，我發現自己好像感覺到有什麼不對勁。不對，正確來說，是更早之前就……。沒錯，其實從一開始上倫理課的時候，我就一直有這種不對勁的感覺。我想找出這種感覺究竟是怎麼回事，於是努力將注意力放在那股在心中縈繞不去的感受上，結果終於意會過來。

「原來啊，我懂了！正義不應該有答案的！」

我突然大聲說出了自己對正義的理解。原本有氣無力的倫理也把臉轉了過來看向我。

「……你的意思是……正義……並沒有答案嗎？」

「不，不是，但又可以說是，啊，該怎麼說才好呢？」

一直到剛剛，我腦中才第一次出現這種感覺，所以無法順利拼湊成語句。我小心翼翼地遣詞用字，試圖在這突如其來的感受消失前好好用言語表達出來。

「風祭老師的課……講了很多種關於正義的思維……每種都很有說服力……可是我總覺得有哪裡不對……有種說不上來的排斥感。因為，如果認定了某種思維才是正義……能聲稱這樣就是正義的話……那就變得不是正義了……我是這麼想的。」

就在這一刻，彷彿身歷其境般，我腦中清楚浮現了有軌電車難題的情境。

「失控朝五個人衝過去的電車……在另一條軌道上有一個不相干的人。切換軌道的操縱桿前剛好有人在……這時候，操縱桿前的那個人要怎麼做才稱得上是正義、正確的行為呢？這種事情講白了，答案就是『哪有可能知道』！畢竟，人不是神，不是完美的，無法預知未來。就算世界上真有的神所決定的善好了，我們也無從得知，所以絕對不可能知道該怎麼做才是正確的！」

聽到我這番話，倫理瞪大了眼睛，張嘴似乎想說什麼，但我沒有理會，繼續說下去。

「但在這種狀況下，有一件事是絕對不能做的，是絕對不符合正義的。那就是事前便一口咬定怎樣才是正義。例如宣稱說：不論什麼情況，都應該救人多的那一邊之類的。」

「這是在否定功利主義嗎？」

「不只是功利主義，而是全部。自由主義、直觀主義也一樣。世界上所有關於正義的思維，我全都否定！」

連我自己都對自己口中說出來的話感到驚訝。因為這番話已經不客氣到全盤否認倫理學了。但我不在意，憑藉著這股氣勢往下說。

「畢竟，妳想想看嘛。例如，假設人類發現了某種正義的公式或法則……然後傻傻跟著去做的話，這樣真的能說是正義的行為嗎？萬一有人不幸遇到了有軌電車難題這樣的狀況……即使眼前就是失控的電車和即將死去的人，也只能不帶感情地按照公式去操作操桿……我認為這種情景一點也稱不上正義。」

就算最後的結果是多數人得救了，就算符合了在宇宙間具有普遍性的善的法則，我仍然不認為，也無法說服自己認為這種機械式的行為是正義。

「那像有軌電車難題這樣，不知道怎樣才是正確的狀況下，什麼人才稱得上是正義的人呢？我思考之後……得到了答案。想必是無法確信自己的決定是否正確，在不安之中煩惱到最後一刻，忍痛做出某個選擇的人……而那就是……像妳爸爸那樣的人不是嗎？」

「…………！」

不是思考在有軌電車難題的狀況下，怎樣的「行為」是正義，而是怎樣的「人」是正義。我試著去想像，最後得出了這個結論。

「不知道怎樣才是正確，也不可能知道。但妳爸爸仍舊想著『希望做出正確的決定』，所以才會苦惱。他沒有隨便做出『世界上哪有絕對正確的事』、『這樣就是正義』之類的結論去逃避，而是在痛苦中煩惱。既然妳爸爸好不容易才做出了救自己女兒的選擇，而且在這之後仍然為了這個選擇是不是真的正確而苦惱，那他肯定是『好人』啊！這樣的人怎麼可能不是正義？我絕對不同意！所以！所以！所以我……」

我說出了自己好不容易得出來的結論。

「我認為妳爸爸是正義的。」

這番論述或許很亂七八糟，但我只想得出這些了。

人類無法直接看出完美的正義，也無從去理解，這是非常無奈的現實。但是，在這個不知何者為正確的世界上，我們仍舊可以期盼「自己的所作所為是對的」；即便對自己認定的正確感到不安，仍然能以「做對的事、好的事」為目標活下去。

這對我們來說，肯定已經是最充分——甚至該說，這才是人類唯一有可能做得到的正義吧。

我不知不覺間哭了出來。

因為我很久以前就已經放棄了，覺得世界上根本沒有正義。但倫理的父親並沒有放棄。我因為自己相信的正義造成了反效果而感到丟臉、無法忍受、不想受傷，所以選擇逃避，但倫理的父親卻一直坦蕩地擁抱「希望自己的所作所為是對的」這個信念，為此受傷，為此煩惱。

我認為那正是我從小一直嚮往的，勇敢而孤獨的正義的一方、正義的英雄的身影。

我抬起頭來才發現，倫理也哭了。

她對我短短說了句：「正義同學，謝謝你。」

然後像個孩子般嚎啕大哭起來。

又過了一陣子，倫理帶著哭腫的雙眼鑽進棉被，接著便一動也不動。

我拿起小茶几上的鑰匙往玄關走去，從外面將門鎖上，然後把鑰匙投進信箱。隔著薄薄的木板門，我清楚聽到鑰匙掉落的金屬聲——

以及倫理沉沉睡去的呼息聲。

第9章

正義的終結「後結構主義」

「我們開始上課吧。」

風祭老師一如往常講了這句話，開始了最後一堂課。

從課表來看，倫理課上到今天就結束了。雖然又不是畢業，不需要感傷，但總覺得感觸良多。至少就我而言，這門課改變了我今後的人生觀。

「由於今天是最後一次上課了，那就順便複習一下吧。」

老師這麼說道，在黑板上寫下了之前上課出現過的關鍵字，並加上簡單的說明。

・平等的正義。功利主義。最多數人的最大幸福。邊沁。計算快樂。

・自由的正義。自由主義。弱小的自由主義與強大的自由主義。愚行權。

・宗教的正義。直觀主義。圓圈之外。理型論。蘇格拉底與尼采。

如果是在開始上倫理課之前，我大概都不知道這些在說什麼，也不會對這些名詞有興趣，但現在全都有種令人懷念的感覺。話說回來，邊沁的遺體成了功利主義的象徵，現在仍放在大學裡展示這件事，想到還是會覺得很誇張。

我不經意往旁邊望去，千幸和倫理還是一如往常，坐在我左右兩邊。之前虛弱得像鬼一樣的倫理也已經完全康復，讓人難以想起她在家中的模樣。

在我去了倫理家的隔天，她就很乾脆地來上學了。而且馬上去找學生會的其他成員低頭賠罪：「不好意思讓大家擔心了。」大家也什麼都沒說，默默地接受了她的道歉。不，或許大家只是不敢對倫理當時在課堂上的那副慘狀說什麼吧。就連千幸也只回了「喔，嗯」就沒再說什麼。

事情就這樣無聲無息落幕了。過了一個月，倫理也完全恢復正常，我們就像什麼事都沒發生過一樣，重新回到原本的日常生活。

除了一件事……。

往左邊看去，倫理還是像之前一樣坐在那裡。

……但我們之間的距離卻不太自然，總覺得——太遠了。和之前相比，她好像要昭告天下似地跟我拉開距離。

這是怎麼回事？我被討厭了？嗯，的確，或許我對她的私生活介入太多了。另外可以想到的，就是看到了她住的破舊公寓、髒亂的房間之類不該看的東西等等。咦……？這樣說來，是我的錯嗎？所以我該向她道歉比較好嗎？

當我在想該怎麼做比較好時，不經意和倫理的視線對上了。

雖然是我在偷瞄她，但不知為何，反而是倫理滿臉通紅地連忙將臉撇開。

「複習就到這邊結束。接下來我想利用今天剩下的時間，介紹哲學史最後的部分，也就是結構主義和後結構主義。這兩個都是在存在主義之後出現的哲學思想，講的東西其實大致上差不多。簡單來說，就是認為『人類都是受到了某種社會結構支配，絕對不是自由對事物做出判斷的』。」

受到支配所以無法自由判斷？

怎麼感覺又是很危險的言論啊。既然是哲學史最後的部分，所以代表這是現在最新的哲學主張嘍。

「舉例來說，你們應該知道一個囚犯和警衛的實驗吧？就是名為史丹佛監獄實驗的著名心理實驗。這項實驗集合了一群普通人，用抽籤決定擔任囚犯和警衛的人，讓他們模擬真實的監獄生活。結果很神奇地，不論每個人原本的個性是怎樣，扮演囚犯的人開始變得像囚犯，扮演警衛的人也開始變得像警衛，大家都表現出了和自己角色一致的行為和樣子。」

喔，就是愈來愈像樣的意思吧。像我當上了學生會長之後，也常被別人說愈來愈有學生會長的樣子。說不定人類的習性就是這樣呢。

「結果，這項實驗發生了虐待、有人精神崩潰等原本沒預料到的問題，進行到一半就被迫中止……」

嗄？真的假的？參與實驗的人會不會投入過頭啦。

「簡單來說，從這項實驗可知，『人類看起來像是憑自己的意志思考、行動的，但其實每個人的想法和行為，都已經被周圍環境、扮演的角色、立場決定了』。不過，由於這項實驗的發展太過戲劇化，因此近來有人懷疑全都是演出來的。

但總之呢，這實驗感覺起來這很像『真的會發生』的事對吧？為什麼特定職業的人要穿特定的制服工作呢？為什麼你們要特地穿著特定的制服來上學呢？當然是因為希望穿上制服這件事，能促使當事人『對自身立場有所自覺』、『產生對團體的歸屬感』。換句話說，醫生要表現得像醫生，學生要要表現得像學生，囚犯要表現得像囚犯。或許我們應該更嚴肅地看待：光憑布的顏色或形狀這種小事，就能改變人類意識的這個事實。」

原來如此。聽老師這樣一說還真的沒錯。就像我如果看到穿著和自己相同制服的學生被人瞧不起的話，一定也會氣到別人覺得我小題大作的地步吧。

這樣說來，那我的想法也一樣被布的顏色或形狀這種小事給操控了。

「因此可以說，人類其實並不像自己以為的那樣自由思考，而是周遭環境及社會規則——換個說法的話就是『結構』——在不知不覺間讓我們這樣思考的。

這裡所說的『結構』如果換成『系統』，對你們來說或許會比較好了解。穿著規定的制服上學當然也是一種社會性的『系統』。

如果把『結構』換成『系統』的話，我們可以這樣解釋結構主義。

『人類的思考，都是被自己身處的社會系統不知不覺間形塑出來的。』

舉例來說，正義同學。」

「是。」

「當你聽到『工作』和『不工作』這兩個詞時，心裡會有怎樣的印象？」

「嗯……這個嘛，『工作』的話是『了不起』啦、『人生的意義』之類的……『不工作』的話是『毫無貢獻』或『羨慕』之類的印象吧。」

我羨慕不工作的這番話引來了教室內一陣笑聲。

「我明白了，謝謝。正義同學剛才的回答，可以說正是資本主義社會這個『系統』特有的產物。換句話說，正因為活在資本主義、貨幣經濟的『系統』裡，所以才想得出這樣的回答。假設正義同學生在一個沒有經濟這種『結構、系統』的國家的話，還會說出相同的回答嗎？」

我腦海中浮現了自己活在熱帶國家，一年四季都有吃不完的美食、可以悠閒度日的景象。

「不，我覺得不會。至少應該不會有工作很了不起，很羨慕不工作之類的想法……不過……」

「嗯？怎麼了？正義同學。」

「呃……如果生在沒有經濟系統，也就是沒有必要工作的國家，對於『工作』的想法也會改變……這好像是理所當然的吧……」

「喔，原來如此。因為『經濟系統』和『工作』兩者的關係實在太緊密了，的確是會這樣。換句話說，其中一方改變的話，另一方當然也會改變。那改成『打招呼』怎麼樣呢。像是『早安』、『你好』之類的打招呼。」

打招呼啊。嗯，這樣的確就和經濟或資本主義沒有直接關係了。

「正義同學，假設你有個弟弟，他都不和別人打招呼，那你會怎麼教他呢？」

「這個嘛，不好好打招呼的話，出社會以後會很麻煩……啊！」

「你好像發現了對吧？正義同學剛才不經意說出的這些話，簡單來說就是在表達『不打招呼的話，在要工作賺錢求生存的資本主義系統裡是行不通的，所以不行』。」

「啊。我原本只是想要說，不好的事就是不好的，但卻不知不覺照著我身處的社會系統的價值觀回答了。」

其實，除了這個答案以外，我還想到了「不打招呼的話，別人會覺得你連基本的做人都不懂而討厭你喔」之類單純的說法。但這個說法也一樣，如果被問到「被討厭又會怎樣嗎？」我大概會馬上回答「因為這樣沒好處啊」。

我很清楚，這同樣也是受到社會的系統影響而不自覺做出的回答。

「為什麼不可以不打招呼？原本應該可以有各式各樣的答案的。例如，我們也可以說：『打招呼這件事，是在今天這個獨一無二、無可取代的日子裡，雙方對於彼此的相遇感到喜悅而做出的行為。所以，如果希望人生充滿感動的話，就算只是為了自己，也應該積極和別人打招呼。但如果你沒有那個心情的話，反而不應該打招呼。只要在自己主動想和他人分享喜悅的心情時再打招呼就行了，這才是打招呼真正的意義。』不，或許甚至可以說，如果要認真思考『打招呼』這件事的話，就應該這樣回答。只不過，許多人都沒有省思過原本的意義，就不自覺地照著社會系統的價值觀回答。」

老師這麼說道，接著突然在講桌上放了一個杯子。

其實他手上並沒有杯子，而是像默劇一樣，表現出手裡拿著杯子的樣子。接著老師又對這個想像的杯子做出倒水的動作。

「假設這裡有一個杯子，然後倒水進去。如此一來，水就會變成這個杯子的形狀……說不定水可能會這樣說：『我是出於自己的意志變成這個形狀的。』然而，那不過是幻想，事實是『只不過杯子剛好是那樣的結構罷了』。

如果拿一個花瓶來，把水倒進花瓶的話，水就變成花瓶的形狀了。換句話說，會變成什麼形狀，打從一開始就和水的意志無關。都解釋到這樣了，相信大家應該了解結構主義是怎樣的思想、結構主義如何看待人類了吧。」

嗯，這番說明解釋得很清楚了。

簡單來說，就是一種直白到不行的觀點。就剛才的例子而言，「杯子」就是社會結構，「水」則是我們的思想。正如同這個比喻點出來的，人類不過是被動地配合結構思考罷了。

這完全是屬於線的右邊，絲毫不具備理想性、極為現實的哲學思想。原來如此，難怪會叫作「結構」主義啊。

「再來是後結構主義。這裡所說的『後』，是代表『什麼什麼之後』。所以『後結構主義』這個詞本身，只是單純的『結構主義之後』的意思。那為什麼不取一個更好懂的名字呢？這是因為我們可以說，在結構主義之後的時代，哲學家們即便想要超越結構主義，最終卻還是無法擺脫結構主義，而且就只會批評，自己完全沒有創造出新的哲學體系。」

這番話聽起來似乎不太友善呢。嗯，總之就是歷史上最後的哲學只懂得批判，而沒有提出替代方案，所以得不到一個具體的名稱嘍？

「在剛才的說明中，我希望你們不要錯過一個重點，那就是後結構主義『無法擺脫結構主義』這個部分。也就是，後結構主義一樣同意人類是受到結構（系統）支配的。」

嗄，是喔。結構主義這種直白到不行的觀點，在後來也沒有被否定，一直持續到現在喔。

「那後結構主義和結構主義有哪裡不同呢？或許可以說是『粉碎了結構主義僅存的一絲希望』。」

原來結構主義還存有希望？

「乍看之下，結構主義似乎是一種輕視人類的主體意志、否定人類的思想，但其實我們還是可以從中找出這樣的希望，那就是：

『看清我們身處的社會是什麼樣的結構，然後找出這個結構的缺陷並加以修正，或許可以創造出更幸福美好的未來。』」

原來如此。

意思就是，人類不應該永遠當結構的奴隸，而是要設計出對自己最好的結構是吧。如果是這樣的話，的確是還有些建設性、存在一絲希望。

「然而，後結構主義的哲學家卻粉碎了這種希望，他們是這樣認為的：

『這是不可能的！人類絕對無法憑藉自己的意志重新建立不一樣的結構！因為想要做出改變的意志本身，就是從限制住我們的結構中產生的，所以不可能有辦法創造出超越原本結構的東西！』」

哇，來了。又是那個粉碎人類理想和希望的套路。談到正義，就說：「才沒有那種東西咧，人類不過是一堆原子組成的。」談到神的時候，就宣稱：「神早就已經死了啦！」就是線右邊的那一套絲毫不留餘地的哲學思想。

而且，從存在主義開始，已經連續三次出現的都是「右邊」的東西了，我有種走到盡頭的感覺。

「簡單來說呢，你們可以想成『水一旦裝進了杯子，就永遠只能在杯子的範圍內移動了，無論如何都無法脫離杯子』。當然，我們不一定要把後結構主義的這種主張當真。只不過，難道我們不該側耳傾聽那些在當時被譽為天才的人提出的主張嗎？原因在於，不這麼做的話，活在『現在』這個更新的時代的我們，就無法孕育出超越後結構主義的『新哲學』、『新人生觀』。

為了讓你們能更深入了解，我要介紹一位後結構主義的代表性哲學家。

他叫作米歇爾・傅柯，是法國哲學家。」

最後的哲學家：傅柯

「我打算先從傅柯是個怎樣的人介紹起。不過，在此之前，得先針對他的祖國法國的『特殊文化』做說明。

法國和日本在文化上有一個明顯的不同之處。

那就是『對知識分子的尊敬程度』。

舉例來說，基本上日本對於知識分子並不是很尊敬。像知識分子或學者上新聞類節目，就時下議題發表長篇大論又不好懂的見解時，大概沒什麼人會認真聽吧？大家更想聽的，是坐在旁邊的搞笑藝人或明星貼近一般民眾的意見，要不然就是辛辣的評論。換句話說，日本根本不把『認真鑽研學問的知識分子的意見』當一回事。」

或許真是這樣。我自己在看新聞節目的時候，如果有所謂的專家學者發表意見，我也只對他們分享的專業知識感興趣，完全不會想聽這些專家學者的個人意見。

不只如此，甚至可能還有對他們不以為然的感覺，認為這些學者「又沒有真正在社會上工作，不了解一般民眾的感受」。

「但法國就不一樣了，法國有尊敬知識分子的文化。這是因為法國有一種不同於一般大學，專門培育菁英的機構，叫作高等專業學院。這裡培養的都是真正的菁英。

法國歷任總統、總理及許多大企業的經營者都畢業於高等專業學院。而且如果念的是高等專業學院中的名校，光是從那裡畢業，就會被視為國家不可多得的人才，一輩子都有錢拿，可以一直做自己喜歡的研究。呃，簡單來說，就是法國有一種超級菁英名校，專收諾貝爾獎、費爾茲獎（數學界的諾貝爾獎）等級的萬中選一的天才。傅柯就是從這種學校畢業的，最終他也當上了高等專業學院的教授。

順便告訴大家，一旦站上了法國哲學界的頂點，到達傅柯這種層級的話，待遇和日本的教授完全不同。例如，傅柯完全不用做指導學生這種對學者而言像是雜務般的工作。相對地，他應該做的，就是向民眾發表自己最新的研究成果。他的義務僅止於此，除此之外的時間，他想研究什麼主題、怎麼研究等，全都是自己說了算。還有，他擔任教授的薪水當然也很高。」

原來是這樣啊。簡單來說，就是提供全國最傑出的天才名譽、時間、金錢，讓他們無憂無慮地埋首於自己喜歡的研究中是吧。老實說，如果位於金字塔頂端的知識分子真的有被禮遇到這種地步，我也會想認真聽聽看他說的話，就算知道內容很難。

「擁有這番背景的傅柯，以結構主義之後的哲學家之姿，研究人類是受到何種結構（系統）支配的。他發表的研究成果之一，就是著名的哲學書籍《規訓與懲罰：監獄的誕生》。這裡所說的監獄並非比喻，指的就是真正的『監獄』。針對監獄這個系統在歷史上是如何誕生的、監獄對人類產生了什麼影響，傅柯在這本書中闡述了他的分析。

根據他的說法，人類直到十八世紀前後，都還有公開處決罪犯的文化，而且還是用五馬分屍、火刑之類慘無人道的方式處刑。為什麼要用這麼殘忍的方式呢？當然是為了殺雞儆猴，為了讓民眾知道，違逆當權者是多麼罪大惡極的事。」

我稍微想像一下，就覺得不寒而慄。這大概也類似於古裝劇常出現的「遊街之後斬首示眾」吧。

「不過，十九世紀以後，這種殘酷的公開處刑逐漸從人類社會中消失了，取而代之的是『監獄』這個系統的誕生。為什麼會有監獄？

檯面上的說法大概都是『人道考量』，或『罪犯也有人權，要給他們更生的機會』之類的。」

一般來說的確是這樣啊。畢竟，再怎麼罪大惡極，為了殺雞儆猴而故意用使人受苦的方式處決，未免太野蠻了。

「當然，基於『人道考量』是好事。相信現在已經不會有人主張我們應該回到公開處刑的時代了。但是，這種基於『人道考量』而設置的監獄，毫無疑問地改變了我們的社會系統，而最終也使得我們的思考方式被迫跟著轉變。」

老師這麼說道，又做出了將杯子放在講桌上的動作。

「也就是說，杯子不一樣了。」

如果杯子不一樣了，裡面的水，也就是我們的思想，也不得不跟著改變。

「首先要注意的是，監獄對我們的意識帶來了什麼變化。傅柯認為，監獄的存在清楚劃分出了『正常與異常』的界線。」

老師橫著拿粉筆，用整截粉筆在黑板上來回摩擦，畫出漸層狀的圖案：左邊深，右邊淺的四方形。

「正常和異常，清醒和瘋狂。自古以來，兩者之間並沒有明確的分界。但自從有了監獄以後，不知不覺間產生了明顯的界線。」

老師在漸層的四方形中間筆直地畫下一條線。

「善良的民眾和邪惡的罪犯，普通人和不普通的人。如果有了清楚的界線，我們一定會被一個既定觀念給控制：那就是必須待在這一邊，待在『正常』這一邊。儘管原本根本不存在這種界線。

監獄，可以說是一種設施，它能夠認定某人是壞人，也就是『在社會上不正常的人』，並監視這個人的生活，將他矯正成『正常人』。

這樣，你們應該了解這種微妙的歷史變化了吧？

在過去，任何違逆當權者的壞人，只要把他殺掉就了事了，但因為監獄的出現，讓壞人得以在人道的名義下存活，被教導成『正常人』。換句話說，等於是人類發生意識變化，從『違抗當權者的人就得除掉』到『每個人都必須當個正常人』的這個意識變化。這個變化在人類史上，其實距離現在沒有多久。」

過去社會應該不像現在經濟這麼寬裕，可以耗費很長的時間重新教育罪犯，看來，這的確是不久前的事。

「我們來整理一下監獄這個系統的重點，總共有兩個。

（1）集中管理『異常的人（囚犯）』，將他們矯正為『正常人（一般的人）』。

（2）因此要命令囚犯遵守一定的規範，並監視其行為。

這裡有一個特別之處，就是『監視』這種矯正方法。監獄絕對不是透過體罰等方式折磨囚犯，將他們矯正成正常人的。監獄是用讓囚犯規規矩矩地起床、吃飯、工作、睡覺，由獄警監視囚犯日常生活的方式將他們矯正成正常人。為什麼監視有矯正的作用？

舉例來說，請大家想像一下不寫功課的小朋友。要讓這個小朋友改過來的話，可以一開始就用『打』的。只不過，這個方法無法做到真正的矯正。原因在於，就算這個小朋友肯寫功課了，那也只是衡量了被打所承受的疼痛後做出的選擇。證據就是，如果回到了不會被打的環境，他一定又會偷懶不寫功課。

所以，真的要矯正這個小朋友的話，只要這樣做就好。

一開始先告訴他：『大家都有乖乖寫功課，做不到這一點的話，就是和大家不一樣的怪人。』灌輸他特定的價值觀。當他有了這個既定印象之後，只需要從後面一直『看著』就好了。如果他會覺得『哇，有人在看我，我不想被當成奇怪的人』，那就大功告成了。只要這樣定時監視一段時間，相信很快地，這個小朋友連在沒有人盯著看的時候也會意識到『他人的視線』，自動自發去寫功課。」

原來如此。這樣的話就能使對方言聽計從，的確可以說是完美的矯正方法。只是，這樣真的是好事嗎？我只覺得這是一種為了自己方便而操縱小孩思想的做法。但說不定這個小朋友還自認為：「我是有好好想過才這樣做的喔。」

「我想，大家從剛才這個例子應該就能了解，『監視』這個系統在監獄裡對於矯正有多麼大的功效了吧？然而，仔細思考的話會發現，這一套做法還可以套用在其他地方。使人意識到他人的視線而因此自律，這種手法在社會上隨處可見。不，或許該說我們整個社會就是這樣。沒錯，我們所居住的社會其實和監獄一樣，都是以『透過監視進行矯正』的結構打造出來的。對此，傅柯這樣主張：

『我們都活在邊沁設計的圓形監獄——Panopticon裡面。』」

——Panopticon？

這個意想不到的詞，讓我嚇了一跳。坐在旁邊的倫理和千幸也一樣。我們用僵硬的表情望著彼此。

現代的哲學家傅柯……從他口中突然說出了邊沁這個我們熟知的名字固然令人驚訝，但真正具有衝擊性的，是「Panopticon」這個詞。在教科書裡面，或許這只是邊沁設計的監獄的名稱，但對我們學生會而言，這個詞卻有特別的意義。

當然就是——全景監視系統。

這正是學生會的頭號問題，設置人型監視攝影機「保同學」的正式計畫名稱。不過，學生會以外的學生就算知道「保同學」這個稱呼，也不會對正式名稱有什麼印象，所以教室內其他人並沒有什麼反應。

老師繼續說明圓形監獄。就和之前倫理向我解釋的一樣。

監獄正中央有一座高塔，牢房圍繞著這座高塔而建，而且還特別設計成：塔上的警衛可以將囚犯看得一清二楚，囚犯卻看不見警衛。

老師一面在黑板上畫圖，一面接著講解圓形監獄的特徵。

「邊沁想出來的圓形監獄之所以是劃時代的創舉，是因為非常省錢省事。既然囚犯看不見警衛，那其實不派警衛也沒關係。只要讓囚犯產生『說不定有人在看我』的想法就夠了，如此便足以發揮『透過監視進行矯正』的效果。就像如果面前有一台可能正在拍你的攝影機，你們還會敢偷東西嗎？所以這樣就不用傻傻地花錢雇人每天二十四小時監視了。」

聽到攝影機這個詞的時候，其他學生也開始騷動了。看來他們終於發覺，老師在講的這個監獄和我們學校的「保同學」有多麼相似了。

實際上，學校裡也有這種傳聞：「設置在校園內各處的保同學，其實大部分都是假的。」

會有這種傳聞，是因為保同學的數量遠多過在網路上直播的影片數量，因此大家會覺得絕大多數的保同學或許根本只是空殼。但就算是這樣，誰也不知道這些假的哪一天會不會換成真的，又或是這些保同學設有定時裝置，可以隨時啟動。

無論如何，只要抱有這種「說不定」的想法，一旦看到了保同學，我們就會懷疑這是真的還是假的，以及攝影機的另一頭是否有人在看，被迫感覺到「他人的視線」。光靠到處擺設廉價的填充玩偶，就能操縱我們的意識，把我們矯正成學校定義的「正常人」，這確實是個很巧妙的系統。

「簡單來說，圓形監獄一詞由邊沁所發明，這種監獄能營造出『說不定有人在看我』這種假象，可說是當時所能想到的最節省經濟成本的一種監獄。而傅柯則非常敏銳地觀察到，現代社會的結構，正好與圓形監獄不謀而合！在這裡我希望你們先想像一下他的時代背景。傅柯發表《規訓與懲罰：監獄的誕生》這本書，是一九七〇年代的事，那是一個還沒有網路，也沒有智慧型手機、社群網站的時代。我自己是認為，距離當時已經好幾十年、資訊科技大為進步的現在，圓形監獄恐怕已經超越傅柯的預測，發展到另一種境界了吧。」

一九七〇年代……我都還沒出生呢。別說網路了，那時候應該連手機、數位相機都還不存在吧，簡直令人難以想像。

「舉例來說，智慧型手機現在非常普及，走在街上幾乎人手一支。如果這個社會真如傅柯所說，是一座監獄的話，智慧型手機的普及究竟代表了什麼意義呢？我想應該是製造出了『所有囚犯在日常生活中都隨身攜帶監視攝影機，彼此互相監視的狀況』吧。」

我有種恍然大悟的感覺。稍微想一下就會發現，的確像老師所說的。假設我突然在街上隨意塗鴉，這樣大概馬上會有人覺得「有奇怪的人不知道在幹嘛」而用手機拍下來，放到網路上去。雖然不知道是不是真的會這樣，但至少有這個可能。而且如果真被放到網路上的話，我的人生肯定就毀了。

「當我還是學生的時候，每天都發生很多誇張的事。學生只是忘了寫作業，老師就可以把他揍得鼻青臉腫。警察會不留情地羞辱因為超速被抓的民眾。學長可以隨便把學弟的東西佔為己有。這些不講理的人和行徑在以前是稀鬆平常的事。那時當然還沒有網路。

但現在沒有這種事了。假借權力或自身立場欺壓別人的人，雖然不能說已經完全消失，但整體而言比起過去少了很多。這是為什麼？現在的人比以前的人更有道德感嗎？不，不是。是因為這已經是一個『每個人口袋裡都藏著監視攝影機和竊聽器，而且隨時可以把錄到的東西公諸於世』的時代了。」

原來如此。不是好人變多了，而是因為科技的發達使得我們更容易被監視，形成了矯正更加被落實的社會結構，是這個意思嗎？

「從監視社會演變為『相互監視社會』，這種變化其實還有另一層意義，就是我們居住的這個巨大圓形監獄已經『牢不可破』了。如果是過去的圓形監獄，只要把中央的監視塔炸掉，或許就能停止系統。但現代的圓形監獄並沒有所謂的中樞，原因在於囚犯本身就扮演了監視者的角色，原本的監視塔化作網絡，遍佈整座監獄。不同時炸掉所有囚犯的話，恐怕就不可能破壞這個系統。而這個無法破壞的結論，和先前提到的後結構主義的結論是完全一致的。

也就是：『人類絕對無法憑自己的意志改變、也無法脫離支配自己的結構（社會系統）』。

因此，我相信圓形監獄、監視社會從今以後也還是會繼續下去。這和被監視的一方、囚犯那一方抱持怎樣的意志無關。社會為了自身的發展，會尋求『正常』的人類、會自行強化監視系統。為了符合社會的需求而被製造出來的人類，會害怕脫離社會所規定的『正常』，到死為止都要一直擔心『他人的視線』而活。

你們懂了嗎？現在已經不是人類在打造『對人類而言正確的社會』了，而是社會在製造『對社會而言正確的人類』，主從關係早就已經逆轉了。

那麼，倫理課，就上到這邊為止。」

嗄……？

下課鐘聲響起，老師也硬生生地把課停在這裡。最後一堂課就這樣結束了，或許這也是無可奈何，但就這樣結束，真的好嗎？我覺得這未免太突然了。然而，其他學生馬上就開始收拾東西，陸續走出教室，有的人還伸了伸懶腰。似乎大部分的人聽了老師剛才的話也沒什麼感覺，但我卻被一種異樣的無力感所包圍，好一會兒無法從座位上站起。

我一路跑著，追上了剛上完最後一堂課的風祭老師，在走廊上叫住他。

「老師，我有問題。」

「正義同學，怎麼了嗎？」

「我們該怎麼做才能脫離圓形監獄呢？關於這一點，傅柯有說什麼嗎？」

我等不及調整呼吸，便單刀直入地說出了自己的問題。但老師一臉遺憾的樣子搖了搖頭。

「不，傅柯什麼都沒說。」

「這樣啊……」我失望地嘆了口氣。

看到我垂頭喪氣的樣子，老師把手放在我肩膀上，接著講下去。

「除了監獄以外，傅柯還做了各式各樣的研究。這些研究的主題，始終都和支配人類的『肉眼看不到的事物』有關。為什麼傅柯要專門研究這個呢？或許是因為其實他自己也想要逃脫那『肉眼看不到的事物』吧。這純粹是我的想像，但我認為，找出答案的關鍵，或許就在他人生最後進行的研究之中。但遺憾的是，他在將研究有系統地彙整為哲學理論之前，就因病去世了。」

「傅柯最後進行的研究是什麼？」

「倫理學。」

真是令人意外的答案。

「倫理學……所以代表傅柯在人生最後階段，進行的是關於正義和道德的研究嗎？」

「沒錯。他到了晚年突然開始研究倫理學。而且是古希臘的道德觀。為何會挑選這個研究主題呢？至今仍是個謎。但有一種說法是，同性戀在古希臘是稀鬆平常的事，有可能他是對此感興趣。」

「對同性戀感興趣……？」

「啊，我上課時沒提到，傅柯是一名同性戀，也就是所謂的男同志。」

男同志……就是指他愛的是男人吧？

「順便告訴你，據說傅柯察覺到自己是同性戀，是在要上大學那時候的事，剛好和你的年齡差不多。法國是天主教國家，同性戀在宗教上是被禁止的。而且當時和現在不一樣，對於性並沒有這麼寬容，同性戀深受歧視，甚至可以說是受到迫害。因此，正值青春期的他想必很煩惱吧……事實上，他曾數度自殺未遂。換句話說，對當時的社會而言，傅柯並不是『正常人』。」

原來最受「正常」這個肉眼看不見的概念、社會強加在我們身上的價值觀、他人的視線所苦的，正是傅柯自己啊。

「雖然傅柯最終站上了法國哲學界的頂點，也將自己是同性戀一事公諸於世，但他在受訪時曾說過這些話。

『在同性婚姻沒受到承認前，文明都不存在。』

『人類應該積極成為同性戀。』」

還真是大膽的發言啊。現在也就罷了，這番話在當時肯定造成了相當大的衝擊吧。

「但是傅柯這裡所說的同性戀，並不是我們認知中的同性戀。不然的話，傅柯就只是單純因為『自己是同性戀，所以支持同性戀行為』罷了。事實上並非如此，他想表達的是，人生並不是只有接受社會灌輸的『正常』這種選擇而已，應該由自己積極創造『不存在於現今社會的全新人生觀、愛其他人的方式』，活出不一樣的人生……或許我們該理解，他之所以說出那些話，是為了傳達這種想法。」

「古希臘已經有那種新的人生觀了嗎？但那是蘇格拉底和柏拉圖的時代對吧？不會太舊了嗎？」

「不不不，正義同學，你可別小看古希臘的智慧喔。就像德謨克利特在沒有顯微鏡的時代單憑思考就提出了原子論，那個時代真的出現了許多有如奇蹟般的創見。另外，雖然地點不一樣，創立佛教的釋迦牟尼也是同時代的人。我順便問一下，正義同學，如果你想了解佛教開悟的本質，會最想要聽誰來說明？」

「應該……還是創立佛教的釋迦牟尼吧。」

「是啊。雖然他是紀元前的人了，但聽他解釋應該還是最恰當的。那如果想了解哲學、倫理學，或是人應該怎樣生活的話呢？」

「啊，對耶，蘇格拉底。」

我想到了蘇格拉底的「活得美好」這句話。

「沒錯，就是蘇格拉底，或是蘇格拉底的直傳弟子，也就是記錄了他說的話的柏拉圖。

既然這兩個人是倫理學的始祖，難道我們不應該先了解他們提出的創見嗎？例如，蘇格拉底提出了『人類對於善或正義不要不懂裝懂，而是必須從承認自己不知道做起』，也就是『無知之知』的主張。另外還有『善和正義無法用固定的文字表達，而是要由當事人在對話中找出稍縱即逝的蹤跡』的見解。我相信即便是最新的倫理學觀點，也絕不能對蘇格拉底的某些創見視而不見。另外，柏拉圖也說過一件很有意思的事。正義同學，你還記得理型論嗎？」

理型論。理型就是概念的意思，所謂的理型論，是一種認為概念在人類誕生之前便已存在於世界上的理論。

我輕輕點了點頭。

「對於『至高的理型』、『理型中的理型』為何——也就是，令概念（理型）本身成立的最根本的概念（理型）是什麼——這個問題，柏拉圖的回答是『善』。」

「是善嗎？」

「沒錯。你是不是會覺得這個答案很不可思議呢？明明還有愛啦、神啦之類，其他各式各樣回答的可能。」

「是啊。以當時而言，的確有可能會出現『神』這個答案。或者，至高的理型是『愛』

這類的回答給人的觀感應該也比較好。」

「是啊。但柏拉圖並沒有回答神或是愛，而主張是『善』。但仔細想想的話就會發現，的確就像他所說的。我們在將某個想法概念化的時候，一定是因為認為這樣是『好』的，才會接受這個概念不是嗎？」

……？

我的頭腦一時間充滿了各種疑問。

但我隨即想起了老師在第一次上倫理課時說過的話。也就是，無論我們的想法為何，一定是因為覺得那個想法是「對」的，才會那樣想。

「就是老師你在第一堂課說過的話對吧？」

「嗯。」老師露出了笑容。

「沒錯。就算是想法天差地遠的人，或者哪怕是外星人，只要是會用智慧『思考』的生物，就一定會有『真實』、『正確』等概念的基礎存在。原因在於，所謂的構思、思考，說穿了就是主張某種理論是『真的』、『正確的』，而且這是唯一的可能。舉例來說，數學、邏輯不都是這樣嗎？如果不將『真』的概念當作前提，任何公式、任何命題都無法成立了。」

也許確實是這樣。或該說，如果沒有「真」的概念，研究學問這件事本身也就變得沒意義了。

「換句話說，所有運用到智慧的活動，都可以說是在『真實』、『正確』的概念上成立的。那麼，使這個『正確』的概念『正確無誤』的高階概念是什麼呢？我認為答案是『善』。」

「『善』比『正確』的位階更高嗎？」

我實在聽不太懂。

「那正義同學，對你而言，所謂的正確是怎麼一回事？」

「這個嘛……大概是『與現實一致』……或『沒有矛盾』之類的吧。如果有數學公式或理論符合這些條件的話，我應該就會判斷是『正確』的。」

「我了解了。那你為什麼會舉出這些條件呢？」

「這個嘛，呃……啊！」

「是因為你認為『與現實一致』、『沒有矛盾』才是好的對吧？」

「沒錯、沒錯。」

老師完全說對了，我不禁頻頻點頭。的確像老師說的，我會將這些視為正確所應該具備的條件，是因為我認為這樣才是「好」的。

「沒錯，所以『正確』這個概念的基礎其實是『善』。如此一來，人類的所有思考，也就都是以『善』為前提成立的。

換句話說，就是『我思，故善在』。

不論我們有什麼想法——就算是一個疑問也好——我們對這個想法做出了『善』的價值判斷這一事實本身是絕對不容質疑的。也就是說，我們在思考、質疑、煩惱的時候，都必定存在著『善』、『以善為目標的意志』。如果不相信這個原理、不以此為出發點，我想恐怕無法發展出任何倫理學、任何文明吧。」

此時又再次響起了鐘聲：下一堂課的上課鐘。

「我想說的大概就是這樣。不好意思，沒能回答你的問題。」

老師這麼說道，一臉抱歉的樣子，但我卻感到無比滿足。或許老師沒有直接給我答案，但老師的這番話卻足以讓我在心裡下定某個決心。

「不會！謝謝老師！」

我鞠了個躬大聲說道，然後轉身離開。

就這樣，對我的人生帶來了重大影響的「倫理課」真正地結束了。

然後，約定的那一天到來了。

全校所有學生都集合在體育館。在他們好奇的目光下，我走上了發言台。身為學生會代表……不，身為在場所有學生的代表，接下來我必須闡述對於「保同學」存廢的見解。

事情的開端剛好是在一年前，當時的學生會長在全校集會時突然登上發言台並搶下麥克風，要求校方撤除「保同學」。

這是學生會為了回應全校學生的強烈要求所主導的一場革命，結果卻是慘敗收場。學生會長的主張當場被校方一一駁倒。

最終，學生會長表示「我們會檢驗校方的意見，重新提出結論」，並撤離發言台，這場革命便草草落幕了，但問題還在後頭。

真正的革命一定也是這樣吧。直到革命前夕都還被視為英雄的革命家一旦失敗，民眾的態度馬上會一百八十度大轉變。學生也一樣。

或許是為了宣洩遭受監視所累積的壓力，大家產生了類似尋找代罪羔羊的群眾心理。學生會長遭受了同學們在精神上施加的暴力：眼睛看不見的、私底下的排擠，變得不能來學校上課。諷刺的是，多虧有保同學在，才沒有出現肉體上的暴力行為。最終學生會還一度運作停擺，這是前所未聞的狀況。

都到了這個地步，「重新檢討保同學的存廢」這個約定當然也就被擱置了……直到隔年，由我們這一任學生會接下這個重擔。但就我而言，這是我上任前發生的事（而且我也不是自願當上學生會長的），其實我很想裝傻裝死到底。可是想也知道，一板一眼的副會長不會允許這種事，而且還有來自周圍的無言的壓力，因此在革命屆滿一周年的今天，要由我這個現任學生會長在大家面前發表重新討論後的結果。

直到不久前，光是想到這件事就讓我鬱悶得快吐了。但很神奇地，現在不會了。有些話，我反而想跟大家說個清楚。

我站在台上，向全校學生九十度鞠躬，深吸了一口氣，然後開口。

「各位同學，我是學生會長山下正義，接下來要進行學生會的例行報告。今天要向大家報告的是，過去以來大家一直關注的保同學的存廢問題。在此向大家報告，我們學生會身為全校學生的代表，經過多次討論後所得到的結論是：『同意維持保同學系統的運作』。」

聽到我說的話，大家明顯露出了失望的表情，還有人誇張地發出「嗄？」的聲音。沒有多久，體育館內的所有學生開始鼓譟，叫囂聲、怒吼聲此起彼落，而且愈演愈烈，幾乎將我的聲音淹沒。

「各位同學請安靜！」

雖然我試圖提醒大家，但當然不可能阻止得了。

我慢慢指向天花板，並這麼說。

「各位同學，請你們注意一下，現在網路上正在轉播你們的一舉一動。說不定會有人把你們現在在全校集會這種公開場合用難聽的話羞辱人的影片擷取下來，寄到你們將來要升學或求職的地方。」

叫罵聲瞬間停止下來。大家轉而竊竊私語，一面抬頭張望天花板。

雖然現在的保同學系統會自動在臉上打上馬賽克，讓被拍到的人沒那麼容易被認出，但這番話還是很管用。

等會場安靜下來，我接著講下去。

「大家還記得前任學生會長的事嗎？一年級同學或許不清楚，但我想二年級以上的同學應該都還記得。就在一年前，學長為了滿足大家的期待，竭盡所能試圖廢除保同學，很遺憾地，最後並未如願……但我認為，不管誰來當學生會長，都會是一樣的結果。畢竟，如果有什麼更好的論點可以對抗校方的話，學生會的意見箱應該老早就收到這樣的投書了，但直到現在都還沒出現。意見箱一次都沒收到過有效的反對意見。這件事代表了我們學校的學生沒有一個人具有能夠顛覆這個狀況的有力論點。

但即便是這樣，大家還是只對這件事置之不理，反而批評前任學生會長無能，甚至否定他的人格，逼到他精神崩潰，沒辦法來上學。就跟你們剛才對著我叫罵一樣。

可是，當我一說『監視攝影機正在拍你們』，你們馬上就停下來了。得意忘形起來，笑著羞辱別人的人；想藉此機會發洩心中不滿的人；你們這些人，一想到網路上有人正看著自己，就立刻變了個樣。

這代表什麼？

當然就代表各位同學是『只要戴上口罩，自己的臉不會被認出來的話，就會若無其事地向別人扔石頭；一旦覺得真實身分會被發現，就會馬上縮手』的人，對吧？各位同學，你們剛才親自證明了自己是如此卑劣的人。為了把你們矯正成正常人，難道不該有像保同學這樣的監視系統嗎？」

這番話自然引發了反駁。有些人用「哪有這種事」、「請不要亂下結論」之類的發言表示抗議。他們眼中都帶著敵意與憎恨。

「然後呢？接下來你們又要怎麼做？」

我重重拍了放有麥克風的發言台一下，用更加挑釁的態度說下去。

「各位同學，你們有些人會上地下留言區、地下網站吧？這種人在我們學校似乎特別多呢。學生會室的意見箱除了有關保同學的投書外，有很大一部分是關於地下網站的煩惱。換句話說，在各位同學之中，有許多人因為在現實生活中受到監視，就跑到網路上解悶、商量如何排擠別人。我不是無法理解大家的心情。學校生活被人監視，不知道有什麼人在哪裡正看著自己，就連聊天內容也有可能被錄下來，所以就轉往地下。從會被監視的地方跑到不會被監視的地方，這是再自然不過的想法。

但很遺憾，那樣的秘密基地遲早也會被監視的。學校的地下網站或封閉性的社群媒體已經成為催生出肉眼看不見的新型態霸凌的溫床，這是社會公認的事實。因此我相信在不久的將來，這些地方也很有可能會出現類似保同學的監視系統。

啊，大家該不會以為那樣會侵犯到隱私，所以這些地方不可能受到監視吧？或以為不可能有第三者偷偷監看自己和朋友間的個人對話。但如果是AI之類有智能的機器呢？譬如說，有些馬桶或冷氣，不是配備了能感應有沒有人在的裝置嗎？但沒有人會認為這是侵犯隱私而感到不高興。根據大家瀏覽的網站掌握大家的喜好而做出的投放式廣告，大家現在也早就司空見慣了。換句話說，由機器來判定的話，就可以迴避侵犯隱私的問題。

AI比人類更客觀，而且有能力運用智慧做出判斷，它可以一一檢查我們未成年人的言論，如果發現了與犯罪或霸凌相關的跡證，便立即通報學校或政府單位。如果學校引進這套系統的話，你們這些平常在地下網站說別人壞話、嘲笑別人的人，還敢做一樣的事嗎？肯定不敢吧。就像剛才，你們在一瞬間停止了對我的咒罵一樣。只要身處於可能有他人在監視的情境中，你們就做不出那些行為了。

當然，剛才的話題只是假設，我不認為馬上就能開發出這麼先進的系統。但我想表達的是：不管怎樣，今後我們受到的監視大概只會愈來愈多。原因在於，我們所生活的社會一開始的設計目的就是『藉由監視，調教人類』。

保同學這套系統的正式名稱叫作『全景監視系統』。各位同學知道嗎？這個名稱其實是從『監獄』的名稱來的。也就是，保同學的監視系統原本是為了監獄打造的。十八世紀後期的哲學家邊沁為了灌輸囚犯『自己的一舉一動或許正遭人監視』的想法，藉此將囚犯調教成循規蹈矩的人，於是設計出使用這種監視系統的監獄。這是一種使人意識到他人的視線，進而矯正其言行舉止的構想，和保同學的概念是相同的。

邊沁還提議，應該把這套做法套用到工廠、醫院、學校等，社會的每個角落……大家覺得呢？各位同學的生活是否因為保同學的存在而改變了呢？是不是變得會遵守社會上的規範了呢？如果答案是定的，那代表邊沁的提議是正確的。」

原本還在表達不滿的人，現在全都安靜下來了。許多人都露出了不自在的表情。

「如果大家都因為他人的視線而改變了過生活的方式，我相信存在於社會上的監視今後將會更加強化吧。原因是，這樣才能製造出更多聽話的人：遵守規定、害怕脫離常軌，乖巧順從的人。等我們長大時，想必所有地方，包括網路在內，都會被籠罩在監視系統下。霸凌、外遇、性騷擾、職權騷擾都會被消滅，成為如同邊沁所追求的理想的社會。但是……」

我閉上眼睛，吸了口氣。

終於講到這裡了。接下來我要說我真正想說的了。

「但是，活在這種社會對我們而言，真的幸福嗎？確實，在這樣的社會中，每個人都會守規矩，過著符合社會價值的生活，外表看起來沒有任何問題。但即使如此，我還是認為，活在這樣的社會是不自由的、是不幸的。難道不是嗎？從家門走出來，暴露在監視下的那個瞬間，就像突然打開了開關的機器人一樣，開始扮演言行舉止符合規範的人……這種活在調教之下的人生毫無自由或幸福可言。受到他人的視線這種『肉眼看不到的事物』操縱所過的生活，並非我們原本想過的人生。

因此我們必須逃離邊沁設計的這座監獄，這個監視性的社會。

問題是，該怎麼做呢？

我們該怎麼做，才能不受他人的視線操縱，擁有自由而且幸福的人生呢？

那就是『活得美好』。

其實只要思考一下，就會得到這個理所當然的答案。也就是照著自己覺得『好』的方式生活。當然，這裡說的『好』，並不是『符合社會期待的好』，而是『自己認為的好』。因為是按照『自己的』價值基準行動，因此與他人的視線、他人的評價無關。甚至可以說，正是要不顧及他人的視線及評價，去做自己認為應該做的對的事，才算得上是『好』的定義。根據這一點，可以得到這樣的結論。

不論是在四處無人的地方，還是在眾目睽睽之下，都去做自己認為應該做的對的事，對自己而言才是好事。

因此，請各位同學捫心自問。

我認為怎樣叫作好？

我認為怎樣叫作正確？我認為在沒有他人的視線時，應該要怎麼活？

人當然不是完美的。這些原本被認為『好』的行為，也有可能結果不如預期，或者是事後才發覺當初是錯的。但就算是這樣，我們還是只能做當下這個瞬間覺得『好』、『正確』的事活下去。原因在於，如果不照自己覺得『好』的方式活，是不可能得到自由、幸福的人生的。

而且，照那樣活的話，就不用理會保同學了。

就不用去管了！

就算有監視，就算有保同學在，就算有人在看也無所謂！不在意他人的視線，期盼自己的所作所為是對的，即便感到迷惘也仍然追求屬於自己的『好』、『正確』而活！用這樣的方式活下去，不正才是逃離監視社會這座巨大監獄的方法——讓我們活得自由、幸福的唯一方法嗎！」

我吸了口氣，說出最後一句話。

「以上就是學生會對於保同學的問題做出的結論。」

我對全校學生鞠了個躬。

沒有人鼓掌或發出贊同的聲音。但我仍然做出了自己認為是「好」的行為，因此無論遭遇什麼後果，我都坦然接受。

倫理、千幸、自由學姐。我在人群中找到了她們的臉。我原本一直逃避面對正義，一切都多虧她們，讓我找回了追尋正義的熱情。我在內心向她們道謝。

另外還有一個人——風祭老師。我目不轉睛地看著坐在教職員區的老師，向他深深一鞠躬，然後走下發言台，整個人感到神清氣爽。

尾聲　正義的抉擇

全校集合後過了幾天，當我早上一如往常來到學校，打開鞋櫃時，發現裡面放了封粉紅色的信。

鞋櫃裡有封粉紅色的信？

正值青春期的我，自然馬上聯想到了情書，但又隨即懷疑這可能是惡作劇。畢竟我前幾天才在全校集合時發表了那番煽動性的演說。

我戒慎恐懼地伸手拿出那封信打開來看，上面只寫了時間、地點，以及「我有話要跟你說」這句話。

信裡面沒有寫寄信的人是誰。為求謹慎，我還翻過來檢查，但也是什麼都沒寫。不過，這封信是什麼人寫的，我大概心裡有數。嗯，總之應該不是什麼不願意透露姓名的人搞的把戲。我鬆了口氣，把信塞進書包。

結果在那次全校集合之後，學生會並沒有發生任何變化。

校內還是一樣持續設置保同學。即便有學生隨時來找我們理論，我們也不意外，但很神奇地，至今學生會都還沒收到什麼抱怨。也就是說，在我回答了「保同學問題」後，我們學生會成員在學校都過得很順利。

既然如此，接下來只要做好學生會的工作，別出什麼包，就這樣到任期屆滿就好了……但對我自己來說，還有一個必須解決的問題。

是時候該把我原本一直模模糊糊、曖昧不明的想法說清楚了。那封信或許正是讓我做個了斷的好機會。我看著裝有那封信的書包，下定了決心。

放學後，我來到信上所寫的地方——體育館後面。在那裡等待的人，正如同我的猜想，是千幸。

「正義，我一直很喜歡你！請和我交往！」

一看到我，千幸便開口告白。

「…………！」

雖然心裡已經有數了，但我沒想到會這麼突然，還是僵住了片刻。

不過，我馬上就低下頭。「抱歉！」我說出了自己準備已久的台詞。

或許我原本應該先說「謝謝，妳對我而言，真的是相處起來最開心的好朋友」之類正面的話，然後再拒絕。但我不想讓她抱有錯誤的期待，於是先說出了結論。

「千幸，其實我已經有喜歡的人了——」

「沒關係、沒關係！我早就知道了！」

「嗄？」

我抬起頭來，看到千幸臉上竟然掛著笑容。我原本已經有了心理準備，這麼乾脆地拒絕她，或許之後連朋友都做不成了。

「嗄，妳已經知道了？」

「我們都認識多久啦？超明顯的好嗎。啊，我剛才的告白只是為了跟過去做個了斷，你不用放在心上。」

千幸這麼說道，拆下了綁住雙馬尾的髮圈。她那雜亂無章的頭髮立刻炸開，整頭呆毛呈現出我從來沒看過的奇妙髮型。

「我不想再被過去的事情困住了。啊，當然啦，如果你還肯像以前那樣跟我當好朋友，我會很高興的。」

千幸頂著怪異的髮型，以爽朗的表情對著我問：「那你打算怎麼辦呢？要對那個人告白嗎？」

「呃——其實我打算等一下去告白。」

「哈！原來是這樣啊！希望你別像我一樣，兩秒就被拒絕嘍！」

千幸笑著表達鼓勵之意，但又不忘記虧我一下。話說回來，她就是這種人哪。

「不過，還真的很剛好呢。這樣一來她應該就不用顧慮我，可以好好回應你的心意了吧。」

「什麼意思？」

「沒有啦，這是女生之間才懂的默契，你不用在意。而且你好像完全不明白為什麼我們老是吵架呢。總之……好！話說完了！你趕快去吧！」

千幸從後方抓住我的肩膀，朝我背上用力推了一把。我跌跌撞撞地前進了幾步。

「告白加油喔！」

千幸是在用她的方式為我打氣吧。我回過頭打算向她道謝，但突然想起了之前一直想跟她說的事。

「那個，關於邊沁啊……」

「嗯？」

「呃，我自己有對邊沁做一些調查啦。以前的人都沒有人思考過動物的權利之類的問題……而且就連亞里斯多德、笛卡兒這些偉大的哲學家，也都曾若無其事地寫出『動物沒有智慧，所以殘忍地對待動物也無妨』之類的話。這種想法在過去是稀鬆平常的事……可是邊沁卻一反當時的常識。他這樣說：『這和毛髮多濃密或有沒有尾巴，也和智力高低都無關。如果要以智力為基準的話，剛出生一個月的小寶寶還不如狗或馬聰明，那豈不是代表可以因為這樣就殘忍對待小寶寶？這是不對的。重點在於，是否會造成痛苦。不單是人類，難道法律適用的對象不應該包括所有會感到痛苦的生物嗎？我相信有朝一日，人類會張開羽翼，為所有生物提供庇護。』」

「……………」

「我原本一直以為邊沁是個像怪物一樣的人。但在調查之後才發現，他其實也是最早主張動物權利的人。換句話說，這代表了不論對象是什麼人、什麼膚色，或在天賦方面有缺陷，甚至即使是人類以外的動物，『只要造成對方痛苦就絕對不是善』。或許邊沁的確太過偏執，但其實他是個好人，而且比任何人都溫柔，妳一定也是這樣。所以，該怎麼說呢……千幸，一直以來，真的多謝了。」

我說完了自己想說的話，感到心滿意足。不過，又想到另外一件事要說。

「還有，妳其實很適合綁雙馬尾喔。」

「你、你白癡啊！那種安慰就免了，趕快去告白啦！」

我跑了起來，結果剛轉過轉角就看到自由學姐人在那裡。

「我說你呀，人家明明好不容易下定決心把你推出去了，你又講那種讓人燃起一絲希望的話，是要人家如何是好啊？」

自由學姐露出了揶揄我的笑容這麼說道。我和千幸剛才的對話全被她聽到了。

「所以你要去告白？」

「是的。」

「這樣啊，所以你已經做出決定嘍。我很高興可以在畢業前看到最後結局呢。」

自由學姐感慨萬千似地說道。

「右邊，還是左邊？你要選哪條路呢？總之，我這個做學姐的，會對你的選擇給予最大祝福的。」

「既然這樣，我就選擇往前直走的那條路。」

因為不太了解她的意思，於是我老實說出心裡想到的話。

「哈哈哈，原來啊，竟然還有這種選擇啊？嗯，是還頗有你的風格的啦。」

自由學姐邊笑邊這麼說，然後與我道別。雖然不確定她是不是真的聽懂了我說的，但我還是向她道謝，又繼續跑起來。

我來到了學生會室外的走廊。

匆忙之中，我與從學生會室出來，抱著一個大箱子的女生撞個正著。我們好像纏住了一樣，一起倒在走廊上。她原本抱在懷中的木箱重重摔落在地板上。

「不好意思，妳沒——」

我還沒說完就停住了。倫理的臉就近在我眼前，距離不到十公分。更糟糕的是，倫理仰躺著，我則跪趴在她身上，怎麼看都像是我撲倒了倫理。糟糕的地方還不只這樣，最慘的是，我的兩隻手——當然不是故意的——就正好放在倫理的胸部上，而且好死不死兩手都緊緊地捏著。

完了。我肯定會被狂甩巴掌，然後得聽她訓話至少一小時。等等就要告白了，我還在做什麼啊。

「對、對不起！」

不知道是不是因為太害怕了，原本只要趕快退開就好，但我選擇了先開口道歉。

倫理似乎很清楚目前的狀況，整張臉紅通通的，害羞地盯著我的臉看。

「沒關係，這沒有倫理上的問題。」

聽到我道歉，她雙眼水汪汪地看著我說。

嗄？不對不對！如果由旁人來看，只會覺得這是一幅學生會長在光天化日之下撲倒副會長，而且還襲胸的畫面，怎麼想都有倫理上的問題吧！

「對了，我和爸爸……」

「和爸爸？」

「對，我和爸爸見了面，距離上次已經好久了。我們聊了好多事。謝謝你。」不知道為什麼，倫理還在這個狀況下向我道謝。

知道倫理沒有生氣後，我才冷靜下來，趕緊縮回雙手，從她身上退開。這時我才發現，地板上散落了許多大約掌心大的小紙片。倫理跌倒前抱著的木箱，似乎就是接受學生投書的意見箱。我撿起了一張從箱子裡掉出來的紙片。

上面沒寫名字，只有「謝謝你們」這短短的一句話。

「我嚇了一跳，意見箱不知不覺就滿了。」

倫理這麼說道，開始撿拾散落的紙片。我也幫忙撿起像落葉般四散的紙片，一面撿一面確認上面寫了什麼。紙片上寫的都是「心情好多了」、「很想感謝你們」之類像是在抒發心情的短句。

「正義同學的演說打動了大家呢。」

「……………」

不，該說謝謝的是我，大家的心聲讓我在告白前得到了勇氣。告白——沒錯，我現在該要告白才對。

「正義同學！」

這時倫理突然大聲叫了我的名字，我從未見過她的雙頰如此通紅。她以顫抖的聲音說：

「可、可以請你跟我爸爸見一面嗎？」

我沒有理由拒絕，於是點了點頭，然後跟她說：

「倫理。」

些。

「嗯？」

「其實我現在得去一個地方才行，抱歉了！」

說完我便跑了起來。被我遠遠拋在身後的倫理似乎喊了些什麼，但現在我沒心情理會這些。

我邊喘氣邊打開門，跑進了教室。這是之前上倫理課的教室。

最後一堂倫理課。我就是在那時察覺到自己真正的想法。而現在，我坦率地表達了自己的心意。

對方很詫異似地瞪大了雙眼，就這麼僵在那裡好一會兒，像是時間都停止了一樣。

我感覺到背後傳來了充滿無數惡意的目光——數以萬計的「他人的視線」。「保同學」站在那裡，呆呆地張著嘴，直直盯著這裡看。

我之後會怎樣呢？

不，不對。我已經知道會怎樣了。我只對一件事感到不安。

那就是別人會如何看待我。

但我又想，如果有人上了老師的倫理課，卻仍卡在這一關，害怕別人如何看待他，那這種人說到底其實根本白上了老師的課，根本沒有搞懂倫理、正義。

什麼是正義？

什麼是善？

我果然還是不了解。

不過，我不了解的，是已經被固定化、不論何時、何地，每個人都能接受的普遍性的「善和正義」。而我了解，「在當下這個瞬間，我認為是正確、認為是好的東西」是確實存在的。

我只能期望「自己做的選擇是對的」，在迷惘中做自己認為「好」的事情，用這種方式活下去。

畢竟，只有這樣做——只有「活得美好」——才能讓我們在這個世界上找到自己來到人世的意義。如果我因為在意他人的目光，就不去追求自己認為「正確」、「善」、「美好」的事物……那我究竟是為何而生的呢？

不，我真的走在正義的道路上嗎？這條暴露於群眾目光下的道路，我有辦法走下去嗎？

我該不會犯下了什麼天大的錯誤吧？

我的內心充滿恐懼，全身不住地顫抖。但即便如此——

即便如此，我仍在眾人的環視之中，筆直往前，踏出了正義的一步。

國家圖書館出版品預行編目資料

正義教室 / 飲茶作；甘為治譯 . -- 臺北市：三采文化，2020.08 -- 面；公分 . --（iTHINK；6）
譯自：正義の教室：善く生きるための哲学入門

ISBN 978-957-658-386-5（平裝）
1. 社會正義 2. 價值觀
540.21　　109008768

suncolor 三采文化集團

iTHINK 06

正義教室

作者｜飲茶　譯者｜甘為治
主編｜喬郁珊　選書編輯｜李媁婷　美術主編｜藍秀婷　封面設計｜李蕙雲
行銷經理｜張育珊　行銷企劃｜陳穎姿　版權選書｜張惠鈞
版權經理｜劉契妙　內頁排版｜菩薩蠻數位文化有限公司

發行人｜張輝明　總編輯｜曾雅青　發行所｜三采文化股份有限公司
地址｜台北市內湖區瑞光路 513 巷 33 號 8 樓
傳訊｜TEL:8797-1234　FAX:8797-1688　網址｜www.suncolor.com.tw
郵政劃撥｜帳號：14319060　戶名：三采文化股份有限公司
本版發行｜2020 年 8 月 28 日　定價｜NT$380